Pour comprendre LES MATHS

Adapté au programme marocain

PROGRAMME 2019

CE1
CYCLE 2

Guide pédagogique

Ce fichier appartient à

....

....

N. Bramand
Professeur des écoles

P. Bramand
Professeur agrégé

S. Delsalle
Professeur des écoles

É. Lafont
Professeur des écoles

C. Maurin
Formateur en mathématiques

D. Peynichou
Maître formateur

A. Vargas
Directeur d'école

hachette
ÉDUCATION

Création de la maquette de couverture : Florence Le Maux

Exécution de la maquette de couverture : Médiamax

Création de la maquette intérieure : Florence Le Maux

Mise en pages : Médiamax

Illustrations : Marie Paruit, Sylvain Frécon (Mathix)

Dessins techniques : Jacky Choi, Anaïs Thibaud

Fabrication : Marc Chalmin

Édition : Anne-Gabrielle Anger

PAPIER À BASE DE FIBRES CERTIFIÉES

hachette s'engage pour l'environnement en réduisant l'empreinte carbone de ses livres. Celle de cet exemplaire est de :
0,420 kg éq. CO_2
Rendez-vous sur www.hachette-durable.fr

ISBN : 978-2-01-711546-5

www.hachette-education.com
Police SG STYLO © 4 HEURES 21/11/2003

Sommaire

D Évaluation diagnostique

pp. 7 à 9

Remarques préalables

L'évaluation diagnostique de début d'année vise à évaluer les acquis des apprenants et à détecter précocement les lacunes et carences dans les différents domaines mathématiques décrits dans les cadres de référence.
L'analyse des réponses des élèves aura pour objectif de faciliter la consolidation et la remédiation.
Avant de commencer l'évaluation, il conviendra de s'assurer que les élèves connaissent les couleurs et les pictogrammes de base (carré, croix, flèche, triangle), de manière à éviter les erreurs d'identification des items.
Il sera également utile en début de deuxième année, de rappeler la signification des consignes : écris, entoure, complète, colorie, range, pose, calcule, barre, trace.

Consignes de passation

Pour chaque exercice, les élèves travaillent individuellement. Lire une fois la consigne à haute voix. Laisser un temps raisonnable pour réfléchir, et choisir ou écrire la réponse correspondante.

Connaissances et compétences	Consigne orale	Commentaires
1. Lire les nombres entiers.	« Dans chaque série de nombres, vous allez entourer celui que je vais dicter. » « Série jaune, entourez 8. » « Série bleue, entourez 90. » « Série rouge, entourez 73. » « Série verte, entourez 98. »	On évalue ici la reconnaissance de nombres dictés. ▪ Série jaune : les nombres de 1 à 10 ▪ Série bleue : les dizaines entières ▪ Série rouge : la dizaine des 70 ▪ Série verte : la dizaine des 90
2. Écrire les nombres entiers.	« Je vais dicter des nombres de 0 à 100. Vous écrirez chaque nombre dans une case en commençant par la case jaune à gauche. Si vous ne savez pas répondre, vous mettrez une croix dans la case. » Répéter chaque nombre deux fois. Dicter « 7 ; 26 ; 81 ; 0 ; 62 ; 58 ; 94 ; 10 ; 75 ; 33 ».	Il s'agit ici de savoir si l'élève est capable de faire correspondre à un nombre entendu son écriture chiffrée. On évalue en particulier la connaissance des nombres difficiles > 69 et la connaissance du 0 et du 10.
3. Calculer (mentalement) avec des nombres entiers.	« Pour chaque série de nombres, je vais vous dicter un calcul, vous devrez entourer le bon résultat. » Répéter chaque calcul deux fois. « Série du carré, 4 + 3. » « Série de la flèche, 9 – 4. » « Série de la croix, 7 + 5. » « Série du triangle, 18 – 3. »	On évalue la capacité de l'élève à calculer mentalement de petites sommes ou différences. ▪ ■ : calcul d'une petite somme sans passage de la dizaine ; 4 + 3 = 7. ▪ → : calcul d'une petite différence avec des nombres < 10 ; 9 – 4 = 5. ▪ ✕ : calcul d'une petite somme avec passage de la dizaine ; 7 + 5 = 12. ▪ ▲ : calcul d'une petite différence avec des nombres > 10 ; 18 – 3 = 15.
4. Écrire des nombres entiers en chiffres.	« Lisez chaque nombre, puis écrivez-les en chiffres. » **Attention, les nombres ne doivent pas être lus à haute voix par l'enseignant.**	On évalue si l'élève sait faire correspondre l'écriture littérale d'un nombre < 100 à son écriture chiffrée. Correction : 23 ; 77 ; 68 ; 45 ; 82 ; 94.
5. Écrire des nombres sur une droite numérique.	« Vous devez écrire, dans les losanges, les nombres qui manquent. »	Cet exercice permet de vérifier que l'élève connaît la suite numérique jusqu'à 20.
6. Comparer des nombres entiers.	« Pour chaque étiquette, coloriez le plus grand nombre. »	On vérifie que l'élève sait mobiliser les règles de la numération décimale pour comparer deux nombres : comparaison des chiffres des dizaines puis des chiffres des unités. Correction : 13 ; 10 ; 20 ; 31 ; 22 ; 67.

Connaissances et compétences	Consigne orale	Commentaires
7. Ranger des nombres entiers.	« Rangez ces nombres du plus petit au plus grand. Vous avez le droit de barrer un nombre quand il a été utilisé. »	Connaissance des règles de numération. Connaissance du signe « < » : « est plus petit que » ou « est inférieur à ». Correction : 12 < 40 < 61 < 74 < 85.
8. Calculer mentalement avec des nombres entiers (sommes et différences).	« Pour chaque étiquette de calcul, vous devez entourer le résultat dans la bande de la même couleur. Attention, il y a des additions et des soustractions. »	Le fait de proposer des résultats, permet d'identifier les procédures de calcul afin de faciliter la remédiation si nécessaire. Exemples fréquents : confusion addition / soustraction (7 + 5 = 2 ou 25 – 5 = 30), juxtaposition des deux nombres en ignorant le signe (32 + 10 = 3210 ou 48 – 10 = 4810), opération uniquement sur les deux chiffres près du signe (32 + 10 = 330 ou 48 – 10 = 470)… Correction : 12 ; 19 ; 42 ; 20 ; 38.
9. Poser et effectuer une opération.	« Posez les calculs en colonnes dans les quadrillages du dessous et calculez le résultat. »	Évaluation de la technique opératoire de l'addition posée avec ou sans retenue, et de la soustraction posée sans retenue. Correction : 65 + 23 = 88 ; 17 + 36 = 53 ; 38 – 24 = 14.
10. Résoudre des problèmes en utilisant des nombres entiers et le calcul.	« Lisez ces deux problèmes et répondez à la question en coloriant l'étiquette qui contient le bon résultat. Vous pouvez utiliser les cadres pour faire vos recherches. »	Problème vert : situation additive avec recherche de l'état final ; 14 + 5 = 19. Problème rose : situation soustractive avec recherche de l'état final ; 18 – 5 = 13.
11. Utiliser une bande de papier pour comparer des longueurs.	« En utilisant une bande de papier, vous allez devoir trouver et colorier la bande la plus longue. »	Savoir utiliser un outil (bande de papier) pour réaliser des mesures de longueur indirectes, savoir comparer ces mesures. Correction : la bande la plus longue est la première (celle du dessus).
12. Savoir lire l'heure.	« Observez ces deux pendules et écrivez en dessous l'heure qu'elles indiquent. »	On n'évalue que la lecture des heures « entières », sans les minutes. Correction : 11 h ; 5 h.
13. Se repérer dans le temps.	« Écrivez sur les pointillés les jours qui correspondent. »	On pourra afficher au tableau la suite des jours de la semaine écris en lettres.
14. Distinguer des figures géométriques simples.	« Observez les deux dessins. Pour chaque collection, il y a une figure qui ne ressemble pas aux autres. Quand vous l'aurez trouvée, vous devrez la barrer. »	Collection de gauche : ligne courbe / ligne droite. Collection de droite : triangle / carré. 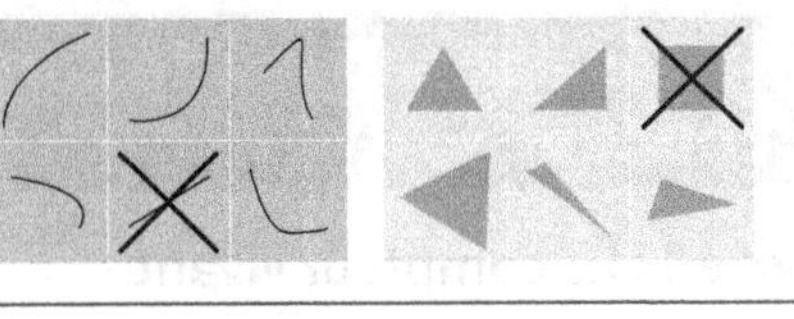
15. Relier des points à la règle.	« En utilisant votre règle, vous devez relier les points rouges pour réparer la maison. »	L'exercice est réussi si les traits de construction sont droits et s'ils ne dépassent pas les points rouges.
16. Utiliser un tableau à double entrée.	« Observez ce tableau. Le rond rouge se trouve dans la colonne « rond » et sur la ligne « rouge ». Complétez les cases vides du tableau. »	L'élève doit savoir que le contenu d'une case doit avoir à la fois les propriétés de la colonne et de la ligne dont cette case est l'intersection.
17. Présenter des données dans un tableau.	« Comptez les bananes, les ananas et les mangues, et écrivez leur nombre dans le tableau. »	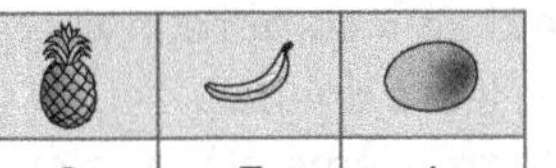 **Nombre** : 8 | 5 | 4

1 Les nombres de 0 à 99

Fichier pp. 10-11

Programme	**Les nombres de 0 à 999.** Nombres de 0 à 99.
Objectifs de l'apprentissage	Lire, écrire, comparer, ranger, intercaler et encadrer les nombres de 0 à 99.
Remarques préalables	Cette leçon est une révision et un rappel des connaissances sur les nombres de 0 à 99 étudiés lors de la première année. Toutes ces connaissances sont réactivées au cours de cette leçon. Les élèves doivent savoir lire et écrire en chiffres un nombre inférieur à cent, ils doivent savoir le placer entre deux dizaines entières ou l'encadrer entre deux entiers. Les nombres compris entre 70 et 99 doivent faire l'objet d'une attention particulière car leur prononciation fait apparaître une irrégularité difficile à justifier, heureusement leur écriture en chiffres ne les particularise pas par rapport aux autres nombres ! Pour comparer et ranger les nombres entre 0 et 99, la distinction entre chiffre des dizaines et chiffre des unités est un appui indispensable, leur décomposition additive canonique (ex. : 35 = 30 + 5) peut aussi être une aide précieuse si chaque nombre se terminant par zéro est naturellement associé à un nombre entier de dizaines. Comme au CP, nous utiliserons l'expression « décomposition additive canonique » pour désigner la décomposition additive d'un nombre de deux chiffres en la somme d'un multiple de dix (sa dizaine) et d'un nombre inférieur à dix (son chiffre des unités), bien qu'en numération décimale l'expression « décomposition canonique » soit réservée à une décomposition faisant clairement apparaître les puissances de dix (ex. : 345 = 3 × 100 + 4 × 10 + 5 × 1). Le choix que nous avons fait permet de distinguer les décompositions additives adaptées à une circonstance particulière de calcul réfléchi (ex. : 28 + 17 = 28 + 2 + 15) et les décompositions additives séparant systématiquement la partie « dizaines » et la partie « unités » d'un nombre de deux chiffres (ex. : 17 = 10 + 7) très utile au CE1. **Difficultés de la leçon** S'approprier les règles de la numération décimale de position et surmonter les écueils de lecture des nombres compris entre 70 et 99. **Aide** Faire fonctionner un tableau des nombres de 0 à 99 pour repérer les régularités de la numération chiffrée, observer le fonctionnement d'un abaque ou d'un compteur au passage d'une dizaine.

Calcul mental : Dictée de nombres < 100

Séances 1 à 3 (sur ardoise)
Séance 1 : *Dictée de nombres < 70.*
Séance 2 : *Dictée de nombres < 80.*
Séance 3 : *Dictée de nombres < 100.*

Séance 4 (sur fichier)
➜ *Dire : « 84 » ; l'élève écrit le nombre.*
***Items :** « 84 » ; « 73 » ; « 91 » ; « 63 » ; « 95 ».*

Séance 5 : *Consolidation des séances précédentes.*

Séance 1

Activités collectives de construction du concept

Activité 1 : Le compteur vivant

Organisation : Classe entière.

- Tracer 2 colonnes au tableau : en haut de la colonne de gauche écrire en grandes lettres DIZAINES et en haut de la colonne de droite écrire en grandes lettres UNITÉS.
- Demander à deux élèves de venir se placer au tableau. L'un se place sous l'inscription « UNITÉS », l'autre se place sous l'inscription « DIZAINES ». Ils vont jouer le rôle d'un « compteur vivant » en montrant les nombres avec leurs doigts.
- Un troisième élève va énoncer un à un les nombres de 0 à 99 en marquant une pause de quelques secondes entre chaque nombre, les deux autres élèves montrent avec leurs doigts les unités et les dizaines correspondant au nombre énoncé.
- Détailler le passage des dizaines qui se fait en deux temps : l'élève indiquant les unités montre ses 10 doigts, puis il libère ses mains en les tapant l'une contre l'autre ce qui déclenche chez l'élève qui montre les dizaines l'apparition d'une dizaine supplémentaire.
- Faire remarquer que le chiffre des dizaines permet à tout moment, de savoir combien de dizaines ont été complétées. Effectuer de nombreuses pauses pour faire écrire en chiffres sur les ardoises le nombre montré par les deux élèves jouant le rôle du « compteur vivant ».
- Souligner que malgré la complexité de leur prononciation les nombres compris entre 70 et 99 ont une écriture en chiffres qui obéit aux mêmes règles que les autres nombres.

Activité 2 : La corde à linge

Organisation : Classe entière.
Matériel : Corde à linge et pinces à linge ; cartes-nombres 50, 60, 70, 80 et 90 ; série de cartes-nombres : 98 ; 63 ; 57 ; 86 ; 75 ; 52 ; 91 ; 78...

- Tendre une corde à linge de part et d'autre de la classe à hauteur d'élève. Accrocher de gauche à droite sur cette corde les cartes-nombres 50, 60, 70, 80 et 90 en les espaçant suffisamment entre elles pour que les élèves puissent venir y intercaler leur propre nombre.

- Demander à tour de rôle à différents élèves de venir tirer une des cartes, de lire à haute voix le nombre qu'elle comporte, puis de placer ce nombre sur la corde à linge en respectant l'ordre des nombres déjà placés. Le reste de la classe valide ces rangements.
- Rappeler les règles qui justifient la position des différents nombres.

Activité 3 : Exercices 1 et 2 du fichier

1 Dans cet exercice, les élèves associent les différentes étiquettes à l'une des cases jaunes du serpent. Lire les étiquettes du haut afin de ne pas pénaliser les élèves éprouvant encore des difficultés de lecture. Les étiquettes du bas renvoient à des expressions abordées dans les activités précédentes, elles devraient donc être identifiées par les élèves et associées à leur nombre.

2 Dans cet exercice, les élèves doivent intercaler les nombres des étiquettes entre deux nombres se terminant par 5, ce qui permet de repérer la couleur de l'intervalle qu'ils doivent attribuer à l'étiquette du nombre. Cet exercice est plus délicat et peut être repris avec le dispositif de la « corde à linge » (Activité 2).

Séance 2

Activités individuelles de mathématisation

Exercices 3 et 4

Ces exercices insistent sur les décompositions des nombres en dizaines et unités, ainsi que sur les décompositions additives canoniques.

Séance 3

Exercices 5, 6, 7 et 8

Ces exercices insistent sur les comparaisons, le rangement, l'encadrement et l'intercalation. Les règles de comparaison peuvent être rappelées en début de séance car elles interviennent dans chacun de ces exercices.

Séance 4

Évaluation formative

Exercices 9 et 10

9 Cet exercice reprend les notions fondamentales travaillées dans l'exercice 3.

10 L'exercice propose de ranger des nombres par ordre croissant alors que dans l'exercice 6 le rangement a été effectué par ordre décroissant.
L'ensemble de ces deux exercices permet d'évaluer la maîtrise de deux aspects essentiels de la leçon.

Séance 5

Consolidation

Remédiation : Exercice 11

Cet exercice reprend la décomposition en dizaines et unités ainsi que le rangement de trois nombres par ordre croissant.

Approfondissement : Exercice 12

L'exercice demande une réflexion prenant en compte deux contraintes simultanées pour répondre à la question posée. Il est proposé aux élèves ayant réussi l'exercice 11, pendant que l'enseignant prend en charge les élèves ayant rencontré des difficultés dans cet exercice 11.

2 Connaître le nombre 100

Fichier pp. 12-13

Programme	**Les nombres de 0 à 999.** Présentation du nombre cent : lecture, écriture et présentation.
Objectifs de l'apprentissage	– Représenter, lire, décomposer le nombre 100. – Connaître la valeur positionnelle de ses chiffres.
Remarques préalables	Le nombre 100 est le premier nombre s'écrivant avec trois chiffres, ce qui remet en cause la séparation bien connue entre chiffre des dizaines et chiffre des unités. Il faut donc expliquer la conversion de dix dizaines en une centaine qui justifie l'ouverture d'une troisième colonne de chiffres, celles des centaines. Il faut aussi permettre aux élèves de comprendre que le nombre 100 est le successeur naturel de 99 formé de 9 dizaines et de 9 unités, car l'adjonction d'une unité supplémentaire déclenche la formation d'une dizaine supplémentaire, ce qui donne dix dizaines, ces dix dizaines formant alors une centaine. **Difficultés de la leçon** – Admettre la création d'une nouvelle unité de numération par l'échange de dix dizaines contre une centaine. – Comprendre la nécessité d'adjoindre le chiffre des centaines aux chiffres des dizaines et des unités. **Aide** Procéder à des échanges effectifs entre dix barres dizaines et une plaque centaine ou bien entre dix billets de 10 Dh et un billet de 100 Dh.

Calcul mental : Décompositions additives canoniques

Séances 1 à 3 (sur ardoise)
Séance 1 : *Donner la décomposition additive canonique de nombres < 70 ; l'élève écrit le nombre.*
Séance 2 : *Donner la décomposition additive canonique de nombres < 100 ; l'élève écrit le nombre.*
Séance 3 : *Compléter une décomposition additive canonique ; écrire 73 = 70 + … ; l'élève écrit 73 = 70 + 3.*

Séance 4 (sur fichier)
➜ *Dire : « 60 + 5 » ; l'élève écrit 65.*
***Items :** « 60 + 5 » ; « 70 + 8 » ; « 80 + 6 » ; « 90 + 2 » ; « 70 + 4 ».*

Séance 5 : *Consolidation des séances précédentes.*

Séance 1

Activités collectives de construction du concept

Activité 1 : Passer du matériel de numération à l'écriture en chiffres

Organisation : Classe entière.
Matériel : 1 sachet contenant 8 jetons unités et 6 barres dizaines ; 1 sachet contenant 5 jetons unités et 8 barres dizaines ; 1 sachet contenant 6 barres dizaines ; 1 sachet contenant 9 jetons unités et 9 barres dizaines (voir matériel photocopiable en fin de guide).

- Demander à un élève de venir au tableau ouvrir un sachet contenant par exemple 8 jetons unités et 6 barres dizaines. Il les présente à la classe puis doit écrire en chiffres le nombre correspondant à ce matériel de numération. Il s'agit du nombre 68, et non du nombre 86. Rappeler l'importance de la position des chiffres dans l'écriture chiffrée d'un nombre.
- Procéder de la même façon avec 2 autres sachets contenant, par exemple, 5 jetons unités et 8 barres dizaines (85), 6 barres dizaines et aucun jeton unité (60).
- Proposer ensuite un sachet contenant : 9 jetons unités et 9 barres dizaines (99), demander aux élèves d'écrire ce nombre en chiffres.
- Interroger alors la classe sur ce qui se passe quand on ajoute un jeton unité au matériel de ce sachet. On obtient 9 barres dizaines et 10 jetons unités. Comment écrire ce nombre dans un tableau de numération dans lequel, on ne peut écrire qu'un seul chiffre par colonne ?
- Il faut échanger concrètement 10 jetons unités contre une nouvelle barre dizaine, on a alors 10 barres dizaines ce qui pose un nouveau problème.
- Apporter la solution : on échange 10 barres dizaines contre une plaque centaine et on ouvre une nouvelle colonne dans le tableau de numération qui sera la colonne des centaines. Ce nombre s'écrit alors 100, c'est le nombre cent.

Activité 2 : Exercices 1 et 2 du fichier

1 Dans l'exercice 1, les élèves revivent la démarche de l'Activité 1.
Ils complètent la décomposition de 99 en 9 dizaines et 9 unités, puis celle de 99 + 1 en 9 dizaines et 10 unités qui deviennent 10 dizaines, puis l'expression de 10 dizaines sous la forme du nombre 100 grâce à l'échange représenté dans le cartouche.

2 L'écriture du nombre 100 dans un tableau de numération fait apparaître que 1 est son chiffre des centaines, les zéros étant les chiffres des dizaines et des unités.
Évoquer oralement le fonctionnement du compteur vivant de l'Activité 1 de la leçon 1 en imaginant un troisième élève qui aurait montré un doigt quand l'élève chargé de montrer les dizaines aurait obtenu 10 dizaines et tapé dans ses mains pour libérer ses doigts.

Séance 2

Activités individuelles de mathématisation

Exercices 3, 4 et 5

Ces exercices privilégient la définition du nombre 100 comme égal à 10 dizaines.

3 Les élèves expriment en dizaines les nombres 40, 60, 80, 20 et 50. Puis ils calculent des sommes égales à 10 dizaines donc égales à 100.

4 Sur les 8 étiquettes additives proposées, 5 représentent le nombre 100, ils doivent les colorier.

5 Les élèves doivent relier les nombres deux par deux afin que leur somme soit égale à 100.

Séance 3

Exercices 6, 7 et 8

6 Les élèves doivent compléter une somme de dizaines entières pour obtenir 100.

Les exercices 7 et 8 sont de petits problèmes.

7 8 boîtes de 10 craies ne forment pas une centaine. Il manque deux boîtes donc 20 craies.

8 Cet exercice oblige à calculer la somme de 40 Dh + 50 Dh et à la comparer à 100 Dh qui est le prix du cerf-volant convoité par Ziad et Hakim.

Séance 4

Évaluation formative

Exercices 9 et 10

9 Cet exercice vérifie que les élèves savent que 10 dizaines sont égales à 100 et que dans le nombre 100, le chiffre des centaines est le chiffre 1.

10 L'exercice revient sur différentes décompositions additives du nombre 100.

Séance 5

Consolidation

Remédiation : Exercice 11

Les élèves doivent colorier les 4 étiquettes représentant le nombre 100 parmi les 6 étiquettes proposées.

Approfondissement : Exercice 12

Les élèves doivent calculer la somme 30 + 50 + 10 pour savoir si le berger possède 100 animaux.
Cet exercice ne peut être proposé qu'aux élèves ayant réussi facilement l'exercice 11, ce qui permet à l'enseignant de reprendre l'exercice 11 avec les élèves qui ne l'ont pas réussi.

3 Construction des figures géométriques sur quadrillage

Fichier pp. 14-15

Programme	**Géométrie.** Construction de figures géométriques sur un quadrillage : le carré, le rectangle et le triangle.
Objectifs de l'apprentissage	Reconnaître, décrire et construire, sur quadrillage, le rectangle, le carré et le triangle.
Remarques préalables	L'utilisation du quadrillage facilite le passage de la perception globale d'une figure à une perception analytique prenant en compte les différents éléments de la figure formée, ici de segments de droites. Elle permet de se passer de l'équerre pour tracer les angles droits des figures. La reproduction d'une figure polygonale sur quadrillage oblige à identifier ses sommets et à repérer leur position les uns par rapport aux autres. Selon que le segment reliant deux points voisins est porté, ou non, par une ligne du quadrillage, la difficulté n'est pas de même nature. La reproduction d'une oblique nécessite d'en repérer la « hauteur » et la « largeur », ce qui revient à positionner les extrémités de l'hypoténuse d'un triangle rectangle à partir des côtés, non tracés, de son angle droit. Cet apprentissage, à ses débuts, demande l'aide de l'enseignant. **Difficulté de la leçon** Le comptage des carreaux pour tracer les côtés des figures. **Aide** Reprendre la technique du comptage des reports d'unités de mesure de longueur.

Calcul mental : Comparaisons de nombres < 100

Séances 1 à 3 (sur ardoise)
Séance 1 : *Écrire 75 et 69 ; l'élève recopie le plus grand : 75.*
Séance 2 : *Dire : « 84 et 78 » ; l'élève écrit le plus grand : 84.*
Séance 3 : *Dire : « 92 et 76 » ; l'élève écrit le plus grand : 92.*

Séance 4 (sur fichier)
→ *Dire : « 81 et 74 » ; l'élève écrit le plus grand : 81.*
***Items :** « 81 et 74 » ; « 73 et 63 » ; « 86 et 96 » ; « 87 et 88 » ; « 78 et 91 ».*

Séance 5 : *Consolidation des séances précédentes.*

Séance 1

Activités collectives de construction du concept

Activité 1 : Trier une collection de figures et décrire les figures planes usuelles : rectangle, carré et triangle en utilisant un langage géométrique correct

Organisation : Groupes de 4 élèves.
Matériel : Par groupe : 4 carrés, 4 rectangles, 4 triangles de couleurs et de formes différentes.

Manipuler
- Distribuer une collection de figures à chaque groupe.
- Demander de mettre ensemble les figures qui « se ressemblent » et d'expliquer le critère de tri.
- Se débarrasser des critères taille et couleur pour ne retenir que celui de forme.

Débattre
- Dessiner au tableau trois figures modèles avec leurs noms « carré », « rectangle », « triangle » écrit au-dessous. Les élèves associent ainsi la forme au nom de la figure.
- Demander aux élèves d'un groupe de venir placer à tour de rôle leurs différentes figures sous les figures modèles. Les autres groupes contrôlent. Les critères de classement sont discutés à cette occasion, les similitudes et les différences sont repérées : nombre de côtés, longueur des côtés, côtés de même longueur, le vocabulaire géométrique est utilisé : sommet, angle, angle droit.
- Supprimer les critères qui ne sont pas essentiels : taille (petit, moyen, grand), couleur, orientation (en particulier pour le carré « posé » sur un côté ou « posé » sur un sommet).

Activité 2 : Propriétés du carré, du rectangle, du triangle

Organisation : Classe entière.
Matériel : Carrés, rectangles et triangles découpés dans du papier.

- Distribuer un carré, un rectangle et un triangle à chaque élève.
- Étudier chacune de ces figures : faire compter le nombre de côtés, le nombre de sommets, le carré et le rectangle possèdent 4 côtés et 4 sommets, le triangle en possède 3. Avec l'aide d'une bande de papier faire comparer la longueur des côtés du carré puis du rectangle. Les élèves peuvent affirmer que le carré possède 4 côtés de même longueur et que les côtés opposés du rectangle ont même longueur.
- Faire remarquer que les coins d'un carré sont semblables, pour le vérifier il suffit de les superposer en pliant la figure. Définir l'angle droit comme le « coin du carré ». Superposer un angle droit du carré sur les « coins » du rectangle. Les élèves pourront affirmer que le carré et le rectangle ont 4 angles droits.
- Faire constater que tous les côtés d'un triangle peuvent être différents.

Activité 3 : Le quadrillage

Organisation : Classe entière.
Matériel : Par élève : une feuille de papier quadrillée.

▪ Demander : « Pourquoi utilise-t-on un quadrillage pour construire une figure ? » Un rapide débat met en évidence les avantages d'un quadrillage pour construire des figures polygonales : repérage des nœuds, repérage et mesure des longueurs avec l'aide des carreaux, repérage des angles droits : un côté de l'angle suit une ligne horizontale du quadrillage, le deuxième côté suit une ligne verticale : les lignes d'un quadrillage forment donc des angles droits.
▪ Demander de tracer un carré sur cette feuille. Les dimensions des côtés sont laissées au choix des élèves pourvu que l'égalité des mesures des côtés soit respectée.
▪ Analyser les figures tracées. Remarquer que pour tracer les côtés, il est commode de suivre les lignes du quadrillage et que pour tracer les angles droits, il faut se servir des angles droits des carreaux. Pour vérifier l'égalité des mesures des quatre côtés des carrés, il suffit de compter les carreaux.
▪ Procéder de même pour la construction d'un rectangle, les dimensions des côtés sont laissées au choix des élèves pourvu que l'égalité des mesures des côtés opposés soit respectée. Le comptage des carreaux permet de comparer les mesures des côtés.
▪ Si les élèves ont des difficultés pour construire les figures sans modèles, leur proposer de terminer une figure en traçant un côté des figures sur la feuille quadrillée.

Activité 4 : Exercices 1 et 2 du fichier

1 Il vérifie si les élèves se sont appropriés les noms des figures usuelles carré, rectangle et triangle.

2 Il propose de compléter le tracé de 3 figures. Le côté déjà tracé du carré (5 carreaux de longueur) implique de choisir la même longueur pour les autres côtés.
Cette contrainte sur la longueur des côtés est levée pour le tracé du rectangle, mais la contrainte sur les angles droits persiste.
Pour le tracé du triangle quelconque, ces deux contraintes disparaissent. Il est probable que de nombreux élèves traceront un triangle rectangle ; leur montrer qu'ils n'y étaient pas obligés.

Séance 2

Activités individuelles de mathématisation

Exercice 3
Cet exercice reprend la tâche de l'exercice 2. Terminer la construction d'un carré et d'un rectangle avec un côté déjà tracé fait appel à la connaissance intuitive des propriétés du carré et du rectangle.

Séance 3

Exercices 4 et 5

4 Pour réussir l'exercice, les élèves doivent connaître les propriétés du carré, du rectangle et du triangle.

5 Réaliser une construction à partir d'un sommet réclame la connaissance des propriétés des figures géométriques à construire. La liberté du choix des dimensions peut être déstabilisant pour certains élèves.

Séance 4

Évaluation formative

Exercice 6
Les élèves doivent terminer la construction d'un carré, d'un rectangle et d'un triangle ; pour chacun d'eux un seul côté est tracé (disposition différente des exercices 2 et 3).

Séance 5

Consolidation

Remédiation : Exercice 7
Ne pas se contenter de la reconnaissance intuitive mais demander les propriétés du carré.

Approfondissement : Exercice 8
Ce problème est ouvert et permet un débat.
De nombreuses solutions sont possibles.
Par exemple :

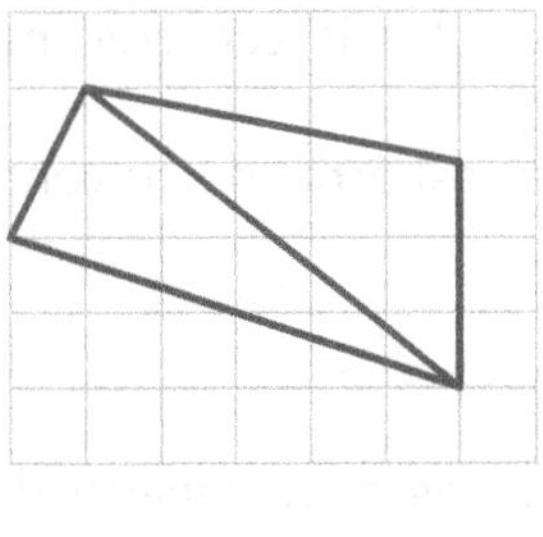

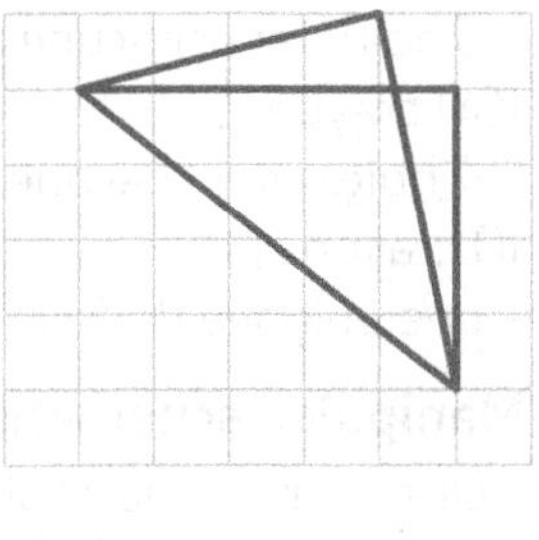

4 Les nombres jusqu'à 999

Fichier pp. 16-17

Programme	**Les nombres de 0 à 999.** Présentation des nombres de 101 à 999 : lecture et écriture et représentation.
Objectifs de l'apprentissage	– Lire, écrire, représenter, décomposer les nombres de 101 à 999. – Distinguer chiffres des ... et nombre de ....
Remarques préalables	L'objectif de cette leçon est l'apprentissage des règles de la numération de position, la lecture, l'écriture et la décomposition des nombres de trois chiffres. ▪ Cette leçon montre l'importance de la position des chiffres dans l'écriture d'un nombre. ▪ La progressivité adoptée dans la leçon devrait permettre aux élèves de ne pas être gênés par la taille des nombres et de découvrir que les règles de la numération décimale de position sont les mêmes quelle que soit la taille des nombres. Faire la différence entre chiffre des dizaines et nombre de dizaines témoigne d'une bonne compréhension de la numération de position. **Difficultés de la leçon** – Utilisation correcte du tableau de numération. – Écriture du 0 notant l'absence d'une classe, en particulier l'absence de dizaine ; – Écriture de la décomposition additive canonique quand il manque la classe des dizaines. **Aide** – Utiliser le matériel de numération pour représenter les nombres. – Comparer les façons dont se lisent, s'écrivent ou se décomposent des nombres comme 548, 705, 980.

Calcul mental : Tables d'addition

Séances 1 à 3 (sur ardoise)
Séance 1 : *Dire : « 5 + 3 » (sommes < 10) ; l'élève écrit 8.*
Séance 2 : *Dire : « 9 + 5 » (10 < sommes < 20) ; l'élève écrit 14.*
Séance 3 : *Dire : « 7 + 6 » (10 < sommes < 20) ; l'élève écrit 13.*

Séance 4 (sur fichier)
→ *Dire : « 8 + 4 » (10 < sommes < 20) ; l'élève écrit 12.*
***Items** : « 8 + 4 » ; « 6 + 5 » ; « 7 + 7 » ; « 8 + 6 » ; « 4 + 7 ».*

Séance 5 : *Consolidation des séances précédentes.*

Séance 1

Activités collectives de construction du concept

Activité 1 : Trouver le nombre de crayons

Organisation : Classe entière.
Matériel :

– 3 boîtes sur chacune desquelles est écrit : cent crayons, 100 crayons ;
– 4 boîtes sur chacune desquelles est écrit : dix crayons, 10 crayons ;
– une poignée de 6 crayons.

Manipuler, schématiser

▪ Dessiner, sur le tableau de la classe, un tableau de numération (dans lequel figure le matériel : plaque, barre et jeton unité) comparable à celui introduit à la leçon 2 sur le nombre 100.
▪ Poser sur une table 3 boîtes de 100 crayons, 4 boîtes de 10 crayons, et 6 crayons.
▪ Demander comment trouver le nombre de crayons de cette grande collection.

Débattre, symboliser

▪ Dans le débat, privilégier l'écriture du nombre de crayons de la collection dans le tableau de numération.
▪ Un élève vient compléter ce tableau : 3 dans la colonne des centaines, 4 dans la colonne des dizaines et 6 dans celle des unités.
▪ Demander d'écrire ce nombre en dehors du tableau de numération.
▪ Expliquer sa lecture : « Je lis d'abord les centaines : "trois cents", puis le nombre de deux chiffres qui suit "quarante-six" ».

centaine	dizaine	unité
c	d	u
3	4	6

→ 346

Activité 2 : Décomposer un nombre

Organisation : Groupe de 2 élèves.
Matériel : Matériel de numération : plaques de 100, barres de 10, jetons unités.

Manipuler, schématiser

▪ Demander à chaque groupe d'utiliser le matériel de numération pour décomposer le nombre 346 en une somme de centaines, dizaines et unités.

Débattre, symboliser

▪ On attend la représentation suivante :

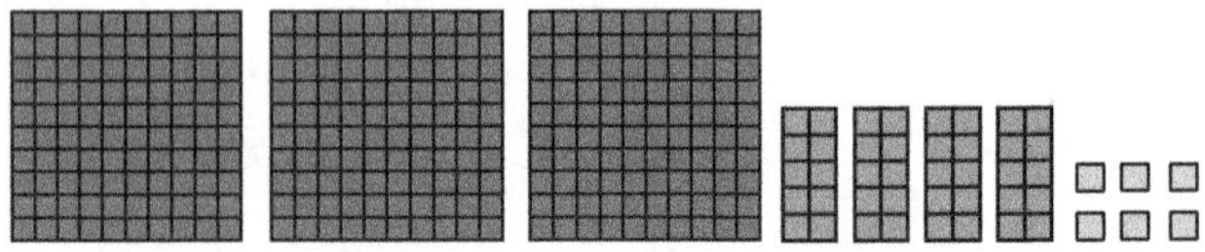

▪ D'après cette schématisation, on peut écrire :
346 = 3 c 4 d 6 u ; 346 = 300 + 40 + 6.
▪ Proposer d'autres nombres dans lesquels figurent des 0, tels que 400, 450 ou 405.

Activité 3 : Exercice 1 du fichier
▪ Justifier les chiffres écrits par Aïcha dans le tableau de numération.
▪ Lire la bulle d'Aïcha expliquant la lecture du nombre de trois chiffres.
▪ Compléter la décomposition du nombre 435.
▪ Écrire le nombre de cahiers reçus par le directeur : six cent cinq cahiers.
▪ Faire remarquer qu'ici la remarque d'Aïcha pour lire ce nombre à haute voix ne s'applique pas de façon rigoureuse car « 05 » ne se lit pas « zéro cinq » mais seulement « cinq ».

Séance 2

Activités individuelles de mathématisation

Exercices 2, 3 et 4

2 Les élèves doivent écrire deux nombres de trois chiffres avec l'aide du tableau de numération puis en dehors du tableau. Faire remarquer que l'absence d'unité se code par un zéro : 320.

3 Dans cet exercice, il faut écrire deux nombres de trois chiffres : 235 et 430 mais il faut aussi écrire leur décomposition canonique sous deux formes différentes : en unités de numération, puis additive.
235 = 2c + 3d + 5u ; 235 = 200 + 30 + 5 ;
430 = 4c + 3d ; 430 = 400 + 30.

4 Jusqu'à présent, les élèves ont codé des nombres de trois chiffres. Avec cet exercice, ils vont décoder un nombre de trois chiffres. Il faudra qu'ils entourent 3 boîtes de 100 craies et 5 de 10 craies pour répondre à la consigne.

Séance 3

Exercices 5, 6 et 7

5 Le tableau à compléter synthétise l'essentiel de la leçon : écriture en chiffres, en lettres et décomposition canonique additive des nombres. Les nombres avec les zéros qui codent les absences dans le rang des dizaines ou celui des unités ne doivent pas être oubliés.

6 Un comptage de 10 en 10 et un autre de 100 en 100. Ils ne passent pas la centaine supérieure pour le premier ni mille pour le deuxième.

7 L'objectif de l'exercice est de faire comprendre la différence entre le chiffre des dizaines et le nombre de dizaines. Pour cela, nous proposons de transformer chaque centaine en dix dizaines. Les deux centaines donneront 20 dizaines. Dans 246, il y a donc 24 dizaines. Dans « 246 », « 24 » est le nombre de dizaines et « 4 » le chiffre des dizaines.

Séance 4

Évaluation formative

Exercices 8 et 9

8 Cet exercice vérifie les décompositions en centaines, dizaines et unités du nombre 518.

9 Dans cet exercice, le comptage de 10 en 10 franchira une centaine : 275 ; 285 ; 295 ; 305 ; 315 ; 325.

Séance 5

Consolidation

Remédiation : Exercice 10
Écrire en chiffres dans le tableau de numération un nombre représenté par le matériel de numération, puis le décomposer.

Approfondissement : Exercice 11
2 est le chiffre au rang des unités ; 4 (le double de 2) est le chiffre au rang des dizaines et 8 (le double de 4) est le chiffre au rang des centaines. Le nombre est 842.

B1 Bilan de l'unité 1

Fichier pp. 18-19

Évaluation sommative

Énoncés	Réponses et commentaires
1 Complète le tableau suivant l'exemple.	(voir tableau ci-dessous) **Remédiation :** Utiliser le matériel de numération.

67	soixante-sept	**60** + **7**
77	soixante-dix-sept	**70** + **7**
92	quatre-vingt-douze	**90** + **2**

Énoncés	Réponses et commentaires
2 Range les nombres 69, 50, 75, 91 du plus grand au plus petit.	**91** > **75** > **69** > **50** **Remédiation :** Revoir les règles de comparaison.
3 Colorie les étiquettes égales à 100.	90 + 1 — 50 + 50 — 90 + 10 — 99 + 1 — 10 dizaines **Remédiation :** Utiliser le matériel de numération.
4 Complète le tableau suivant l'exemple.	(voir tableau ci-dessous) **Remédiation :** Utiliser le matériel de numération.

665	six cent soixante-cinq	**600** + **60** + **5**
802	huit cent deux	**800** + **2**
580	cinq cent quatre-vingts	**500** + **80**

Énoncés	Réponses et commentaires
5 Souligne le chiffre des dizaines, **entoure** le nombre de dizaines.	153 203 **Remédiation :** Utiliser le tableau de numération et le matériel de numération.
6 Termine les constructions pour obtenir :	un carré — un rectangle — un triangle **Remédiation :** Revoir les propriétés des figures géométriques.

un carré

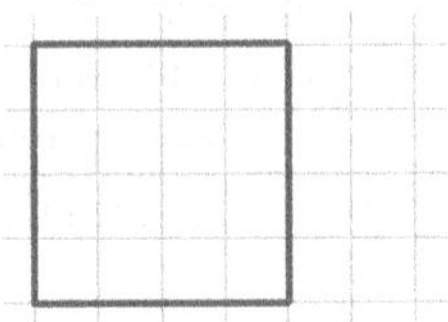

un rectangle

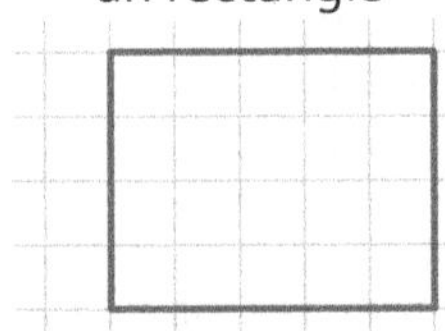

un triangle

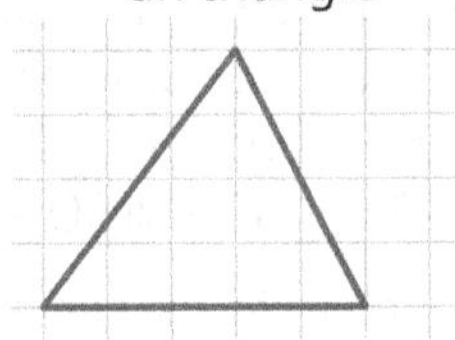

Consolidation

1 Complète.

centaine	dizaine	unité
c	d	u
6	**5**	**4**

654 = **6** c **5** d **4** u

654 = **600** + **50** + **4**

2 Range les nombres 54, 38 et 65 du plus grand au plus petit.

le plus grand ↓   **le plus petit** ↓

65 > **54** > **38**

3 Observe le carré et **reproduis**-le.

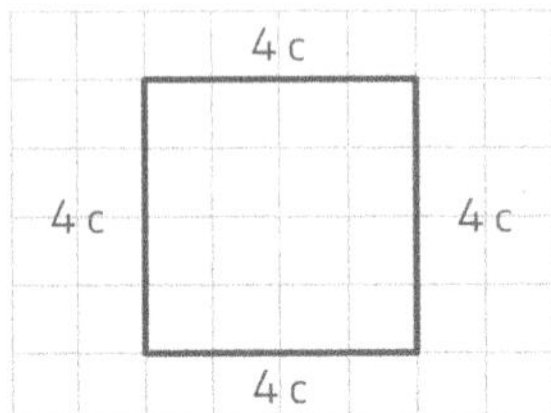

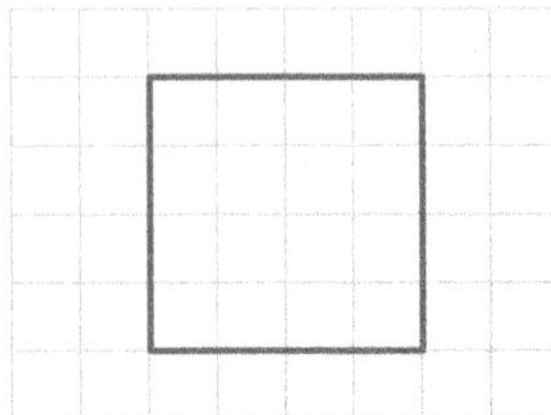

5 Comparer et ranger les nombres de 0 à 999

Fichier pp. 20-21

Programme	**Les nombres de 0 à 999.** Comparaison et rangement des nombres de 0 à 999.
Objectifs de l'apprentissage	Comparer et ranger des nombres de 0 à 999.
Remarques préalables	Dans cette leçon, les élèves découvrent que les règles de comparaison et la technique de rangement restent identiques bien que les nombres soient plus importants. La décomposition des nombres en centaines, dizaines et unités, sous la forme de sommes de 100, de 10 et de 1, permet d'effectuer des comparaisons « terme à terme » afin de découvrir rapidement quel est le nombre le plus grand. **Difficultés de la leçon** – Réussir à comparer ou à ranger des nombres qui deviennent de plus en plus difficiles à visualiser. – Confusion entre les signes « < » et « > ». **Aide** – Utilisation des décompositions additives canoniques pour comprendre la justification des règles de comparaison. – Pour ordonner une liste de nombres du plus grand au plus petit, il faut élaborer une stratégie : chercher le plus grand, l'écrire puis le barrer de la liste. Cette stratégie s'appuie sur les règles de comparaison. – Rappeler que la pointe du symbole > est toujours du côté du petit nombre.

Calcul mental : Dictée de nombres < 1 000

Séances 1 à 3 (sur ardoise)
Séance 1 : *Dire un nombre de 100 à 199 ; l'élève l'écrit en chiffres.*
Séance 2 : *Dire un nombre de 100 à 499 ; l'élève l'écrit en chiffres.*
Séance 3 : *Dire un nombre de 100 à 999 ; l'élève l'écrit en chiffres.*

Séance 4 (sur fichier)
➜ *Dire : « 148 » ; l'élève écrit 148.*
***Items :** « 148 » ; « 256 » ; « 423 » ; « 600 » ; « 950 ».*

Séance 5 : *Consolidation des séances précédentes.*

Séance 1

Activités collectives de construction du concept

Activité 1 : Comparer des nombres n'ayant pas le même chiffre des centaines

Organisation : Classe entière.

▪ Demander aux élèves de décomposer les nombres 250 et 300 en utilisant uniquement 100, 10 et 1.
250 = 100 + 100 + 10 + 10 + 10 + 10 + 10
300 = 100 + 100 + 100
▪ Faire entourer la partie commune à ces deux décompositions.
▪ Faire comparer les parties non communes :
10 + 10 + 10 + 10 + 10 et 100.
▪ Il faut comprendre que ces 5 dizaines valent moins qu'une centaine qui elle vaut 10 dizaines. Les centaines sont donc plus importantes que les dizaines pour établir une comparaison.
▪ 250 est plus petit que 300. On écrit 250 < 300.
▪ Rappeler que la pointe du symbole < est toujours du côté du petit nombre.

Activité 2 : Comparer des nombres ayant le même chiffre des centaines

▪ Demander de décomposer les nombres 340 et 324.
340 = 100 + 100 + 100 + 10 + 10 + 10 + 10
324 = 100 + 100 + 100 + 10 + 10 + 1 + 1 + 1 + 1
▪ Demander quel est le plus grand de ces deux nombres.
▪ Les élèves signalent que les deux nombres comportent le même nombre de centaines.
▪ Ces nombres peuvent aussi s'écrire :
340 = 300 + 40 ;
324 = 300 + 24.
▪ Sous cette forme, on voit que leur comparaison revient à comparer 40 et 24.
40 étant plus grand que 24, 340 est plus grand que 324. Comme 40 > 24, on a 340 > 324.
▪ Rappeler que la pointe du symbole > est toujours du côté du petit nombre.

Activité 3 : Ranger dans l'ordre croissant ou décroissant

▪ Demander de ranger les quatre nombres des activités précédentes dans l'ordre décroissant en utilisant le signe >.
▪ Rappeler qu'il va être important de développer une stratégie de résolution. L'usage d'un algorithme répétitif est une approche très efficace.
– Je cherche le nombre qui a le plus de centaines :
 • s'il n'y en a qu'un, c'est lui le plus grand, je l'écris ;
 • s'il y en a plusieurs, je cherche celui qui a le plus grand chiffre des dizaines, c'est lui le plus grand, je l'écris ;
 • s'il y en a plusieurs, je cherche celui qui a le plus grand chiffre des unités, c'est lui le plus grand, je l'écris.
– Je barre dans la liste le nombre que je viens d'écrire, et je recommence au début jusqu'à ce que j'aie tout barré : les élèves écrivent : 340 > 324 > 300 > 250.
Les nombres sont rangés du plus grand au plus petit.
▪ Demander ensuite de ranger les quatre nombres précédents dans l'ordre croissant en utilisant le signe <.

Activité 4 : Exercice 1 du fichier

Les nombres sont déjà décomposés.
On obtient pour la comparaison :
$124 < 153$ et $428 < 507$.
Les nombres sont ensuite rangés dans l'ordre croissant :
$124 < 153 < 428 < 507$.
Après avoir placé ces nombres sur la droite graduée, les élèves concluent que l'ordre croissant correspond au rangement du plus petit au plus grand comme sur la droite graduée.
Grâce à cette droite graduée, 428 est encadré entre 400 et 500 qui sont les centaines les plus proches de 428.
Proposer, oralement, d'encadrer les autres nombres placés sur la droite graduée entre les deux centaines les plus proches.

Séance 2

Activités individuelles de mathématisation

Exercices 2, 3 et 4

Les nombres proposés dans ces trois exercices sont inférieurs à 500.

2 La décomposition de ces trois nombres sous la forme de sommes de 100 et de 10, permet de les comparer « terme à terme » afin de découvrir rapidement le nombre le plus petit (celui qui a le moins de centaines).

3 Remarquer que, pour trois items, les nombres ont autant de centaines l'un que l'autre ; leur comparaison se joue donc sur leurs chiffres des dizaines.

4 Cet exercice reprend la technique de rangement. Mathix donne un conseil utile sur la comparaison des nombres qui n'ont pas le même nombre de chiffres.
Il peut être utile de rappeler que la pointe des symboles $>$ ou $<$ est toujours placée du côté du petit nombre.

Séance 3

Exercices 5, 6, 7 et 8

Les nombres proposés dans ces quatre exercices sont supérieurs à 400.

5 Les items sont d'une difficulté progressive. Dans les deux premiers items, tous les nombres comportant trois chiffres, le plus grand est celui qui a le plus de centaines. Dans le dernier item, les nombres ont tous 8 centaines, la comparaison se joue alors sur les dizaines.

6 Cet exercice permet de revenir sur la technique de rangement.
Attirer l'attention des élèves sur l'ordre décroissant, du plus grand au plus petit.

7 Pour réaliser cet exercice, les élèves doivent, pour chaque étiquette, chercher sur la droite graduée le nombre de centaines entières correspondant à celui de l'étiquette : c'est la borne inférieure de son intervalle.

8 Cet exercice est à mettre en relation avec l'exercice 7. « Où placer 568 sur la droite graduée ? »
Quand 568 est placé, on voit apparaître les deux centaines les plus proches qui l'encadrent.

Séance 4

Évaluation formative

Exercices 9 et 10

L'évaluation va servir à déterminer si la règle de comparaison est bien comprise et maîtrisée.

9 Les élèves doivent ranger dans l'ordre croissant des nombres de trois chiffres d'après leur nombre de centaines.

10 Les élèves doivent encadrer deux nombres entre les deux centaines les plus proches. Comme ils l'ont vu dans l'exercice 8, c'est le nombre de centaines qui permet d'écrire la borne inférieure de l'encadrement.

Séance 5

Consolidation

Remédiation : Exercice 11

Cette représentation simplifie la compréhension du concept en utilisant du matériel de numération : la plaque bleue représente une centaine ; la barre verte, une dizaine ; le jeton jaune, une unité. La juxtaposition des schémas permet la correspondance terme à terme.

Approfondissement : Exercice 12

L'élève doit comprendre qu'on ne peut intercaler que le nombre 800 (centaine entière) dans un intervalle du type : $726 < ... < 875$.

6 Mesurer une longueur en m et cm

Fichier pp. 22-23

Programme	**Mesures.** Définition de deux unités de mesure de longueur : m, cm et les utiliser.
Objectifs de l'apprentissage	Définir des unités de mesure de longueur : m et cm et les utiliser.
Remarques préalables	• Les élèves vont utiliser la règle de leur trousse qui possède un décalage entre son extrémité et la graduation du zéro. Ce « détail » est source d'erreurs de mesurage pour ceux qui placent l'extrémité du segment à mesurer à l'extrémité de leur règle. Dans cette leçon, ils vont apprendre à utiliser correctement la règle de leur trousse pour mesurer la longueur d'un segment et pour tracer un segment de longueur donnée. Ils vont également réinvestir ces connaissances en mesurant la longueur d'une ligne brisée et ajouter les mesures de longueur des segments qui la constituent. • Dans cette leçon, sur les mesures de longueur, le travail est limité au mètre et au centimètre. Pour que les élèves maîtrisent correctement les relations entre ces deux unités, il est indispensable de leur proposer des exercices pratiques de mesurage aussi souvent que l'occasion s'en présente, par exemple au cours des leçons de géométrie (tracer des segments ou des figures dont les dimensions sont données...), de biologie (mesurer la croissance d'un végétal), d'éducation physique (mesurer la hauteur et la longueur d'un saut), etc. **Difficulté de la leçon** Faire coïncider l'une des extrémités du segment dont on mesure la longueur avec la graduation du zéro de la règle graduée et non avec son « bord ». **Aide** – Les élèves qui ne partent pas de la graduation zéro font un repérage de la longueur et non un mesurage. Pour mettre en évidence cette erreur de mesurage, il faut comparer la somme des mesures avec la mesure de la longueur-somme qui met en avant cette incohérence. – Visualiser et manipuler le plus souvent possible les unités de mesure de longueurs.

Calcul mental : Comparaisons de nombres < 1 000

Séances 1 à 3 (sur ardoise)

Séance 1 : *Écrire deux nombres entre 0 à 999 (centaines différentes) ; l'élève écrit le plus grand.*

Séance 2 : *Écrire deux nombres entre 0 à 999 (centaines égales, dizaines différentes) ; l'élève écrit le plus grand.*

Séance 3 : *Écrire deux nombres entre 0 à 999 (centaines égales et dizaines égales, unités différentes) ; l'élève écrit le plus grand.*

Séance 4 (sur fichier)

→ *Écrire 156 et 169 ; l'élève recopie le plus grand : 169.*

Items : *156 et 169 ; 256 et 354 ; 423 et 417 ; 684 et 682 ; 930 et 960.*

Séance 5 : *Consolidation des séances précédentes.*

Séance 1

Activités collectives de construction du concept

Activité 1 : Observer la règle de la trousse

Organisation : Groupes de 4 élèves.
Matériel : La règle de la trousse.

• Demander à chaque groupe de citer deux ou trois points communs à toutes les règles de chaque groupe.
• Faire émerger que :
– sur chaque règle les graduations ont le même écartement, c'est la longueur de 1 cm ;
– la graduation zéro ne se trouve pas au bord de la règle.

• Préciser comment placer la graduation zéro pour mesurer une longueur. Dessiner un segment de 40 cm de long au tableau, positionner la règle du tableau en dessous en plaçant la graduation zéro sous l'une des extrémités du segment.
Sa longueur est indiquée par le nombre se trouvant sous sa seconde extrémité.
Longueur = 40 cm

Activité 2 : Observer la règle graduée du tableau

Organisation : Classe entière.
Matériel : La règle du tableau.

• Observer la règle graduée du tableau.
Indiquer que sa longueur est égale à 1 mètre. Le symbole du mètre est « m ».
• Avec cette règle estimer la hauteur d'une porte, la longueur du tableau, la largeur de la classe, un grand pas, etc.
• Demander à un élève d'observer les graduations et de mesurer la longueur entre 2 graduations en utilisant la règle graduée de la trousse : 1 cm.
• Faire découvrir le nombre de cm dans 1 mètre.
• Écrire au tableau 1 m = 100 cm.

Activité 3
Exercices 1, 2 et 3 du fichier

1 • Les élèves utilisent le résultat de l'activité 2 pour compléter l'égalité : 1 m = 100 cm.
• Observer et décrire les différentes façons dont chaque enfant mesure la longueur du segment rouge. En rappelant les conclusions de l'activité 1, les élèves entourent le garçon à droite.

2 Il s'agit d'introduire ici la comparaison de deux mesures exprimées avec des unités différentes. La technique de comparaison passe obligatoirement par une conversion dans la même unité, en l'occurrence le centimètre.
Faire rappeler à un élève la règle de conversion du mètre en centimètre et l'écrire au tableau : 1 m = 100 cm. Rappeler que 1 m 60 cm, c'est 1 m « plus » 60 cm.
Les élèves écrivent 100 cm + 60 cm, puis calculent 100 + 60 = 160.
Faire comparer les nombres 160 et 158. On constate que 160 > 158 donc 160 cm > 158 cm.
Faire compléter la phrase réponse.

3 Une fois que l'utilisation de la règle est acquise, l'élève va devoir tracer un segment de longueur donnée. Comme pour tout exercice de tracé, s'assurer que les outils sont en bon état (graduations lisibles, crayon affûté).
Être vigilant au positionnement du zéro sur la marque de début du segment.

Séance 2

Activités individuelles de mathématisation

Exercices 4 et 5

4 Cet exercice porte sur le choix de l'unité. En cas de divergence, proposer le recours à l'expérimentation quand c'est possible. Il est important que chaque élève ait ses propres références : les mesures 2 m pour l'épaisseur d'un livre ou 2 cm pour le saut d'un garçon doivent lui apparaître absurdes.

5 Cet exercice renforce les conversions.
L'égalité 1 m = 100 cm doit être acquise.
Procéder par étapes :
3 m = 1 m + 1 m + 1 m = 100 cm + 100 cm + 100 cm = 300 cm.
1 m 26 cm = 1 m + 26 cm = 100 cm + 26 cm = 126 cm.

Séance 3

Exercices 6, 7 et 8

6 Les élèves doivent mesurer la longueur de chacun des segments.
Revenir sur la position de la règle pour mesurer correctement un segment.
Pour un travail soigné, faire utiliser la règle pour repasser en bleu le segment le plus long et en vert le plus court.

7 L'élève doit mesurer la longueur de 3 segments, puis ajouter ces mesures pour obtenir la longueur totale du chemin suivi par la fourmi.

8 Montrer les étapes du tracé d'un segment de 40 cm de longueur au tableau. Les élèves tracent ensuite un segment de 12 cm de longueur sur les pointillés.

Séance 4

Évaluation formative

Exercices 9, 10 et 11

9 Cette évaluation va permettre de déterminer si les élèves établissent la relation entre le mètre et le centimètre.

10 Cet exercice permet de vérifier si les élèves savent mesurer une longueur.

11 Enfin, les élèves vont être évalués sur le tracé d'un segment de longueur donnée.

Séance 5

Consolidation

Remédiation : Exercice 12

Ici, les élèves travaillent à nouveau l'utilisation de la règle. Pour persuader les élèves qui ne mesurent pas correctement un segment, leur demander de mesurer la longueur d'un segment à leur manière puis de prévoir combien va mesurer le double de cette longueur. Leur faire construire et leur faire mesurer. Ils constatent que leur prévision n'est pas vérifiée. En revanche, en partant du zéro la relation de double est vérifiée sur les mesures.

Approfondissement : Exercice 13

Avant de comparer ces mesures, il convient de les exprimer dans la même unité en utilisant la relation 1 m = 100 cm.

7 L'addition posée sans et avec retenue

Fichier pp. 24-25

Programme	**Les nombres de 0 à 999.** Addition : calcul de la somme de deux nombres avec et sans retenue dans le domaine des nombres de 0 à 999.
Objectifs de l'apprentissage	Calculer la somme de nombres avec et sans retenue dans le domaine des nombres de 0 à 999.
Remarques préalables	Cette leçon sur l'addition posée est consacrée aux sommes de deux nombres de trois ou deux chiffres. Elle insiste sur la technique de la pose (un seul chiffre par colonne, unités sous les unités, dizaines sous les dizaines…) et se termine donc logiquement par des additions que l'élève pose sans aide sur un quadrillage (Seyès). Il est bien évident que, dans le cas de l'addition sans retenue, il est possible d'additionner les dizaines avant les unités car rien ne justifie l'ordre inverse. Si certains élèves procèdent ainsi et trouvent le bon résultat, prolongeant ainsi leurs habitudes de calcul réfléchi, leur faire remarquer que, lorsque la somme des unités dépassera dix, ils devront commencer par additionner les unités pour trouver le résultat sans rature. Il vaut donc mieux prendre de bonnes habitudes dès le début de cet apprentissage. L'utilité de l'addition posée apparaît vraiment lorsqu'on effectue des additions de nombres de trois chiffres ou des additions de trois nombres. **Difficultés de la leçon** - Savoir placer correctement les chiffres en colonnes. - Comprendre la notion de « retenue » et savoir la reporter. - Connaissance des tables et des techniques de calcul. **Aide** Utiliser les colonnes du quadrillage Seyès pour bien aligner les chiffres.

Calcul mental : Tables de soustraction

Séance 1 à 3 (sur ardoise)
Séance 1 : *Dire : « 5 – 3 » (nombres ≤ 5) ; l'élève écrit la réponse.*
Séance 2 : *Dire : « 8 – 6 » (5 ≤ nombres ≤ 9) ; l'élève écrit la réponse.*
Séance 3 : *Dire : « 8 – 3 » (nombres ≤ 9) ; l'élève écrit la réponse.*

Séance 4 (sur fichier)
→ *Dire : « 9 – 5 » (différence < 10) ; l'élève écrit 4.*
Items : *« 9 – 5 » ; « 8 – 4 » ; « 7 – 3 » ; « 9 – 2 » ; « 8 – 5 ».*

Séance 5 : *Consolidation des séances précédentes.*

Séance 1

Activités collectives de construction du concept

Activité 1 : Addition sans retenue

Organisation : Classe entière.

Manipuler

Proposer les deux additions suivantes : 23 + 34 et 43 + 5. Deux élèves viennent au tableau les effectuer en collectif en commentant chaque étape de calcul.

Débattre, symboliser

Les risques d'erreurs sont plus importants pour la seconde opération : le nombre 5 doit être placé dans la colonne des unités.

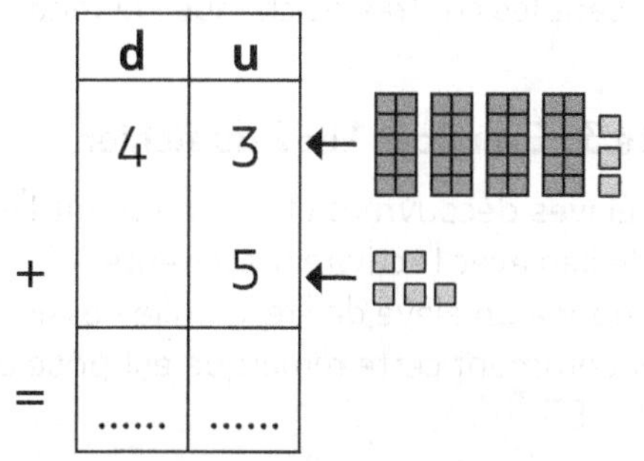

Activité 2 : Addition avec retenue

Organisation : Groupe de 3 élèves.
Matériel : Deux enveloppes par groupe portant chacune un des nombres 258 ou 169 et contenant le matériel de numération correspondant à ce nombre.

Manipuler

- Distribuer à deux élèves de chaque groupe une enveloppe sur laquelle est inscrit un nombre et dans laquelle se trouve le matériel de numération correspondant à ce nombre. Le dernier élève du groupe va jouer le rôle de banquier et reçoit une réserve de jetons, barres dizaines et plaques centaines.
- Demander à chaque groupe de mettre en commun le matériel de numération de leurs deux enveloppes et de réaliser, grâce au banquier, les échanges qui permettent de faire apparaître la représentation du nombre égal à la somme des 2 nombres inscrits sur les enveloppes.
- Rappeler la règle : n'avoir jamais plus de 9 éléments de même nature (jetons, barres dizaines, plaques centaines).

Débattre

- Demander quels échanges ont été nécessaires pour obtenir la représentation du nombre correspondant à la somme finale.
- Les groupes doivent parvenir à un accord.

Schématiser

- Dessiner au tableau le matériel de numération correspondant à la mise en commun du matériel contenu dans les 2 enveloppes : 17 jetons, 11 barres dizaines, 3 plaques centaines.
- Entourer un paquet de 10 jetons que l'on remplace par une barre dizaine après échange.
- Entourer un paquet de 10 barres dizaines que l'on remplace par une plaque centaine après échange.

Finalement, on observe 4 plaques centaines, 2 barres dizaines et 7 jetons.

Symboliser

- Demander quel nombre correspond au matériel de numération : 427.
- Écrire l'addition 258 + 169 dans les colonnes d'un tableau de numération.
- Interpréter chaque échange comme l'apparition d'un élément supplémentaire (une retenue) dans la colonne correspondante et montrer que le nombre 427 s'obtient en totalisant les chiffres de chaque colonne.

Activité 3 : Exercices 1 et 2 du fichier

1 Les élèves découvrent et commentent l'illustration ; ils font le lien avec l'activité précédente.

- Demander à un élève de lire la bulle de Aïcha.

Montrer comment cette remarque est prise en compte.
52 + 31 = 83

2 Faire lire la bulle de Yanis. Montrer comment cette remarque est prise en compte dans le traitement de la retenue détaillé dans le tableau, puis compléter le calcul et l'égalité finale :
139 + 78 = 217.

	c	d	u
	○	①	
	1	3	9
+		7	8
=	......	......	~~1~~7

Séance 2

Activités individuelles de mathématisation

Exercices 3 et 4

Cette séance est consacrée au calcul d'additions de nombres de 2 ou 3 chiffres.

3 Les opérations sont posées dans un tableau de numération. L'élève effectue les calculs colonne par colonne.

4 Les opérations sont à poser sur du Seyès sans l'aide d'un tableau de numération. L'élève effectue les calculs colonne par colonne.

Séance 3

Exercices 5 et 6

Cette séance est consacrée au calcul posé d'additions à trou avec retenue et à la résolution d'un problème.

5 Les opérations sont posées dans un tableau de numération. Le rond des retenues figure en aide. L'élève effectue les calculs colonne par colonne en complétant les nombres.

6 Dans cette seconde activité, l'élève résout un problème additif en calculant une addition posée :
108 + 97 = 205.

Séance 4

Évaluation formative

Exercice 7

Les élèves doivent effectuer trois additions avec retenue qui doivent être posées sur quadrillage Seyès.

Séance 5

Consolidation

Consolidation : Exercice 8

Les élèves doivent relever les erreurs faites par Driss (retenue systématique !) puis effectuer correctement cette addition.

Approfondissement : Exercice 9

Trouver les chiffres cachés par les symboles.

	★	★
+	★	◆
=	9	0

★ = **4** ◆ = **6**

8 La soustraction posée sans retenue

Fichier pp. 26-27

Programme	**Les nombres de 0 à 999.** Soustraction : calcul de la différence sans retenue (technique usuelle de la soustraction).
Objectifs de l'apprentissage	Poser et effectuer une soustraction sans retenue dans le domaine des nombres de 0 à 99.
Remarques préalables	▪ Un apprentissage trop précoce de la soustraction posée peut pousser les élèves à utiliser systématiquement cette technique, même pour des calculs qu'ils pourraient aisément résoudre par le calcul mental ou le calcul réfléchi. Cette technique nécessite une bonne connaissance des différences entre petits nombres. ▪ La leçon 10 sera consacrée à la soustraction posée avec retenue. Ces leçons doivent être présentées comme un outil supplémentaire, et non pas unique, pour calculer une différence. Elles nécessitent de nombreuses manipulations pour asseoir la compréhension de la technique opératoire qui pourra faire l'objet de plusieurs séances. **Difficultés de la leçon** - Savoir placer correctement les chiffres en colonnes : unités sous les unités, dizaines sous les dizaines… - Écrire le plus grand nombre en premier. - Calculer de petites différences. **Aide** - Contrairement à l'addition, l'ordre des termes a une grande importance dans la pose d'une soustraction : le plus grand nombre doit toujours être écrit en haut. - Demander régulièrement de calculer la différence de 2 petits nombres.

Calcul mental : Compléments à la dizaine

Séance 1 à 3 (sur ardoise)
Séance 1 : *Dire : « de 7 pour aller à 10 » (compléments à 10) ; l'élève écrit la réponse.*
Séance 2 : *Dire : « de 17 pour aller à 20 » (compléments < 5) ; l'élève écrit la réponse.*
Séance 3 : *Dire : « de 12 pour aller à 20 » (compléments > 5) ; l'élève écrit la réponse.*

Séance 4 (sur fichier)
→ *Dire : « de 26 pour aller à 30 » ; l'élève écrit 4 en moins de 5 secondes.*
Items : *« de 26 pour aller à 30 » ; « de 54 pour aller à 60 » ; « de 87 pour aller à 90 » ; « de 72 pour aller à 80 » ; « de 63 pour aller à 70 ».*

Séance 5 : *Consolidation des séances précédentes.*

Séance 1

Activités collectives de construction du concept

Activité 1 : Des collections de timbres

Organisation : Groupe de 4 élèves.
Matériel : 9 barres vertes, 9 jetons jaunes.

Manipuler, schématiser

▪ Distribuer à chaque groupe le matériel de numération.
▪ Écrire au tableau le problème suivant :
« Jasmine possède 38 timbres ; elle en donne 15 à Hamid. Combien lui en reste-t-il ? »
▪ Demander aux élèves d'expliquer la situation et de préciser l'opération à utiliser pour résoudre ce problème.
▪ Certains élèves peuvent essayer de la calculer en ligne ; d'autres peuvent utiliser le matériel de numération.
On schématise 38 timbres par 3 barres dizaines et 8 jetons unités.
Si on retire 15 jetons, cela revient à retirer 5 jetons unités puis 1 barre dizaine.
▪ Constater qu'il reste 2 barres dizaines et 3 jetons unités.

Symboliser

▪ On peut donc écrire : 38 – 15 = 23
Il reste 23 timbres à Jasmine.
▪ Il est donc possible d'effectuer cette soustraction en retirant séparément les dizaines et les unités du nombre de départ.
▪ Écrire cette soustraction dans les colonnes d'un tableau de numération et montrer que le nombre 23 s'obtient en calculant la différence entre les chiffres de chaque colonne.

Activité 2 : Exercices 1 et 2 du fichier

1 ▪ Écrire, au tableau la première opération du fichier posée dans un tableau de numération.
▪ Faire remarquer le signe « – » et l'écriture du plus grand nombre en haut du tableau de numération.
▪ Demander à un élève de venir l'effectuer.
79 – 26 = 53

2 Demander aux élèves de poser et de résoudre seuls la deuxième opération du fichier. Le quadrillage Seyès sert d'aide, le tableau de numération disparaît. La précaution essentielle comme le fait remarquer Mathix est d'écrire le plus grand nombre en haut.
86 – 45 = 41

Séance 2

Activités individuelles de mathématisation

Exercices 3 et 4

Cette séance est consacrée au calcul puis à la pose de soustractions posées sans retenue.

3 Les opérations sont posées dans un tableau de numération. L'élève effectue les calculs colonne par colonne.

4 Dans cette seconde activité les opérations sont à poser sur Seyès sans l'aide d'un tableau de numération. L'élève doit prendre soin d'écrire le plus grand nombre en haut et d'écrire correctement les chiffres en colonnes.

Séance 3

Exercices 5 et 6

Cette séance est consacrée au calcul posé de soustractions à trou sans retenue.

5 Les opérations sont posées dans un tableau de numération, l'élève complète.

6 Dans cette seconde activité, l'élève complète les calculs comme l'indique l'exemple en rouge. Pour cela, il pose ses soustractions sur son cahier d'essais et ne retranscrit que le résultat de ses calculs.

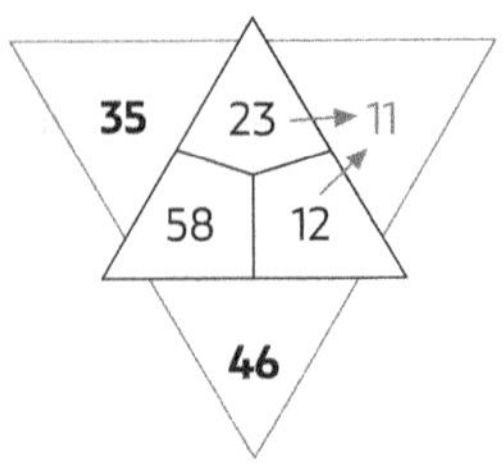

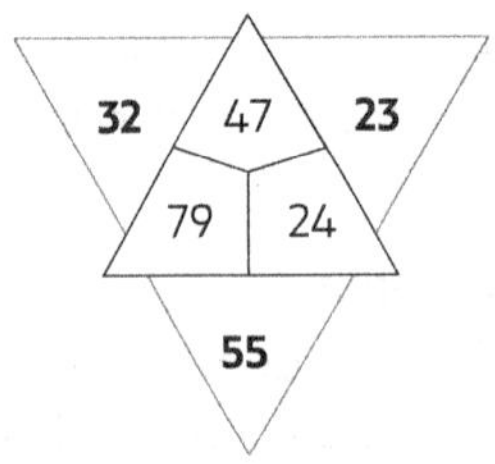

Séance 4

Évaluation formative

Exercice 7

Les élèves doivent effectuer quatre soustractions sans retenue qui doivent être posées sur quadrillage Seyès.

Séance 5

Consolidation

Consolidation : Exercice 8

Les élèves doivent relever l'erreur faite par Didi (il n'a pas écrit le plus grand nombre en haut), puis effectuer correctement cette soustraction.

Approfondissement : Exercice 9

Trouver les chiffres cachés par les symboles.

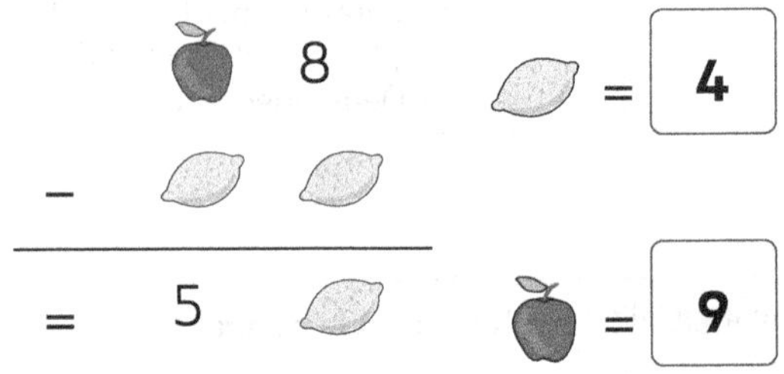

B2 Bilan de l'unité 2

Fichier pp. 28-29

Évaluation sommative

Énoncés	Réponses et commentaires
1 Colorie le plus grand nombre de chaque étiquette.	450 | 409 348 | 512 857 | 853 **Remédiation :** Revoir les règles de comparaison.
2 Range ces nombres dans l'ordre décroissant : 869 ; 750 ; 670 ; 791.	**869** > **791** > **750** > **670** **Remédiation :** Rappeler la technique de rangement de plusieurs nombres.
3 Encadre ces nombres entre les deux centaines les plus proches.	**600** < 660 < **700** **500** < 505 < **600** **100** < 199 < **200** **Remédiation :** Utiliser la droite numérique
4 5 Pose et **effectue.**	(c d u) 4 1 2 + 2 6 7 = 6 7 9 ; 412 + 267 = **679** (c d u) retenues 1 1 ; 3 6 4 + 5 4 7 = 9 1 1 ; 364 + 547 = **911** (d u) 5 8 − 3 6 = 2 2 ; 58 − 36 = **22** **Remédiation :** Travailler la technique de l'addition avec retenue. Revoir les tables.
6 Mesure la longueur de chaque segment. **Repasse** en bleu le segment le plus long.	Les segments mesurent respectivement 7 cm, 10 cm, 5 cm. Le segment qui mesure 10 cm de longueur est le plus long. **Remédiation :** Revoir la technique du mesurage en petits groupes.

Consolidation

1 Range les nombres 314, 137 et 209 du plus grand au plus petit.	le plus grand → **314** > **209** > **137** ← le plus petit
2 Calcule.	(c d u) 4 5 1 + 1 3 7 = **5 8 8** (c d u) retenues 1 1 ; 2 7 8 + 1 5 3 = **4 3 1** (d u) 7 5 − 4 4 = **3 1**

9 Mesurer une masse en kg et g

Fichier pp. 30-31

Programme	**Mesures.** Définition des deux unités de mesure de masse : kg et g et les utiliser.
Objectifs de l'apprentissage	Reconnaître les deux unités de mesure de masse kg et g et les utiliser.
Remarques préalables	Une masse est une quantité de matière que l'on exprime en g ou en kg. La masse est la même que l'on soit sur la Terre, sur la Lune, dans une station spatiale... Elle est souvent confondue avec le poids qui est une force exercée par la Terre et due à la gravitation. On pèse 6 fois moins sur la Lune que sur Terre. Cette subtilité est, bien sûr, hors programme à l'école primaire ! L'emploi du verbe « peser » pour mesurer une masse est l'origine de cette confusion. Le poids se mesure en newton (N) et la masse en kilogramme (kg). Au cours de cette leçon, le travail sur le fichier doit être précédé de manipulations. L'étude et l'utilisation d'une boîte de masses marquées nous semblent indispensables. L'ordre de grandeur est abordé. On vérifie d'abord en soupesant les objets, puis en utilisant une balance Roberval. **Difficulté de la leçon** Estimer la masse d'un objet et utiliser la bonne unité pour exprimer sa masse. **Aide** Revenir aux manipulations collectives en atelier afin que les élèves se constituent un répertoire le plus large possible.

Calcul mental : Répertoire soustractif

Séances 1 à 3 (sur ardoise) :
Séance 1 : *Dire : « 14 – 3 » (sans franchir la dizaine) ; l'élève écrit 11.*
Séance 2 : *Dire : « 12 – 6 » (franchir la dizaine) ; l'élève écrit 6.*
Séance 3 : *Dire : « 14 – 8 » (franchir la dizaine) ; l'élève écrit 6.*

Séance 4 (sur fichier) :
→ *Dire : « 19 – 5 » ; l'élève écrit 14.*
***Items :** « 19 – 5 » ; « 17 – 4 » ; « 12 – 3 » ; « 15 – 6 » ; « 11 – 5 ».*

Séance 5 : *Consolidation des séances précédentes.*

Séance 1

Activités collectives de construction du concept

Activité 1 : L'ordre de grandeur : gramme ou kilogramme

Organisation : Classe entière.
Matériel : Boîtes de poids marqués ; balances Roberval.

- Découvrir les masses marquées des balances Roberval. Montrer la masse de 1 g et celle de 1 kg. Indiquer que le gramme qui a pour symbole « g » et le kilogramme qui a pour symbole « kg » sont des unités de mesure de masse. Soupeser ces deux masses.
- Dire qu'usuellement la masse d'un objet « léger » s'exprime en gramme et celle d'un objet « lourd » en kilogramme.
- Afficher, au tableau, des photos d'objets (une bouteille d'eau, une vache, une pastèque, une punaise, une voiture, une orange, un bonbon, un chien, une brique de lait, un oiseau, un crayon) et demander ensuite aux élèves de les classer en deux colonnes : ceux dont la masse s'exprime en gramme et ceux dont la masse s'exprime en kilogramme.

Activité 2 : Manipuler une balance et des masses marquées des balances Roberval

Organisation : Groupes (autant que de balances).

- Répartir les élèves en autant de groupes qu'il y a de balances disponibles. Distribuer un objet à chaque groupe (punaise, trombone, ballon de baudruche, fruits : pomme, ananas, pastèque, boîte de sucre, dictionnaire).
- Remarquer que les plateaux vides sont en équilibre avant que l'on pose l'objet sur l'un des plateaux.
- À tour de rôle, dans chaque groupe, les élèves soupèsent l'objet pour en évaluer la masse, puis vérifient leur évaluation en effectuant la pesée.
- Remarquer que les plateaux sont à nouveau en équilibre lorsque la masse de l'objet à peser est égale à la somme des masses marquées que l'on place sur l'autre plateau.
- Exprimer la masse de l'objet en gramme ou en kilogramme.

Activité 3 : Relation gramme et kilogramme
- Poser sur un plateau de la balance, la masse de 1 kg.
- Demander de compléter l'autre plateau pour obtenir l'équilibre.
- Ajouter les grammes et conclure :
1 kg = 1 000 g

Activité 4 : Exercices 1 et 2 du fichier

1 Cet exercice qui peut être conduit collectivement est une trace écrite de l'Activité 1. Les élèves doivent apprécier la masse d'objets et ainsi avoir acquis la notion de « léger » pour les objets qui s'expriment en gramme et « lourd » pour ceux qui s'expriment en kilogramme.
Une punaise pèse 1 g, un gros livre 1 kg, un feutre 10 g, un vélo de course 8 kg.

2 ▪ Cette activité est la trace écrite de la deuxième activité collective.
▪ Observer les dessins des balances.
▪ Demander : « Comment connaître la masse de chaque livre ? » Il faut additionner les différentes masses marquées posées sur le plateau. Être attentif à ce que les élèves additionnent indépendamment g et kg pour la deuxième pesée.

Séance 2

Activités individuelles de mathématisation

Exercices 3, 4 et 5

3 Il faut retrouver les unités de masse parmi d'autres unités de mesure.
Attirer l'attention des élèves sur la fin du mot (radical) et non sur le début (préfixe), notamment pour éviter la confusion « kilomètre » et « kilogramme ».

4 Il faut savoir estimer une masse et savoir l'exprimer avec la bonne unité. Cet exercice rappelle que le gramme exprime des masses « légères » et le kg des masses « lourdes ». Les erreurs commises par les élèves montrent qu'ils ne maîtrisent pas les notions de g et de kg. Leur demander de soupeser, puis de peser des objets de leur environnement afin de leur donner des références concrètes.

5 Il revisite l'égalité fondamentale : 1 kg = 1 000 g.
Ne pas hésiter à jouer la situation pour valider la réponse à l'exercice 5.

Séance 3

Exercices 6 et 7

Cette séance est consacrée à l'addition des masses pour calculer la masse de fruits et de légumes.
▪ Rappeler que lorsqu'on ajoute des mesures, celles-ci doivent être exprimées avec la même unité.
▪ Insister sur la relation g et kg.

6 Cet exercice ne demande pas de conversions.
Masse du melon : 700 g ; masse de la pastèque : 1 kg 510 g ; masse des bananes : 1 kg 550 g.

7 Pour réussir cet exercice, les élèves doivent convertir des grammes en kilogramme.
Masse de l'ananas : 1 kg et 1 000 g = 1 kg + 1 kg = 2 kg ; masse du chou-fleur : 1 220 g = 1 kg 220 g.

Séance 4

Évaluation formative

Exercice 8

Cet exercice de pesée a trois niveaux de difficulté : la première pesée se limite à l'ajout de masses en grammes, la seconde se compose de grammes et de kilogrammes, alors que dans la troisième, les élèves doivent convertir des grammes en kilogramme.
Masse du melon : 410 g ; masse de la pastèque : 2 kg 200 g ; masse des grappes de raisin : 1 kg.

Séance 5

Consolidation

Remédiation : Exercice 9

Revenir sur les activités collectives : la meilleure remédiation sera la manipulation d'une balance.
Une aide forte est apportée par l'accolade.

Approfondissement : Exercice 10

Attirer l'attention des élèves sur :
- la présence de masses en grammes et kilogrammes ;
- le fait que 750 g + 250 g = 1 000 g soit 1 kg.

10 La soustraction posée avec retenue

Fichier pp. 32-33

Programme	**Les nombres de 0 à 999.** Soustraction : calcul de la différence avec retenue (technique usuelle de la soustraction).
Objectifs de l'apprentissage	Usage de la technique de la soustraction avec retenue dans le domaine des nombres de 0 à 999.
Remarques préalables	L'algorithme que nous présentons dans cette leçon fait appel à l'une des propriétés importantes de la différence : la conservation de l'écart par translation. Cette technique présente l'avantage d'être applicable à tous les termes d'une différence, sans modification des chiffres, et ne nécessite ni rature ni surcharge. En revanche, sa justification est très difficile à comprendre pour les élèves car elle ne mobilise pas, avec évidence, les propriétés de la numération. Elle reste toutefois la technique de référence du calcul posé de la différence. Les élèves devront donc apprendre à l'utiliser de façon sûre.

Calcul mental : Dizaines entières : sommes et compléments à 100

Séances 1 à 3 (sur ardoise)
Séance 1 : *Dire : « 20 + 30 » (sommes < 100) ; l'élève écrit 50.*
Séance 2 : *Écrire 70 + … = 100 (compléments à 100) ; l'élève écrit 100.*
Séance 3 : *Écrire 60 + 50 = … (sommes > 100) ; l'élève écrit 110.*

Séance 4 (sur fichier)
→ *Écrire : 80 + 40 ; l'élève écrit 120.*
Items *: 80 + 40 ; 30 + 50 ; 50 + 60 ; 70 + 30 ; 80 + 50.*

Séance 5 : *Consolidation des séances précédentes.*

Séance 1

Activités collectives de construction du concept

Activité 1

Organisation : Classe entière.
Matériel : 2 boîtes ; 75 jetons.

- Présenter deux boîtes aux élèves : placer 20 jetons dans la première boîte et 15 jetons dans la seconde.
- Demander aux élèves de calculer la différence de jetons entre les deux boîtes : 20 – 15 = 5.
- Ajouter dans chaque boîte 20 jetons.
- Les élèves calculent le nombre de jetons présent dans chaque boîte.

La première boîte contient maintenant 40 jetons et la seconde 35 jetons.
Ils calculent à nouveau la différence du contenu des deux boîtes : 40 – 35 = 5. Ils s'aperçoivent alors que la différence est la même.

- Retirer 10 jetons de chaque boîte.
- Les élèves calculent la somme que contient chaque boîte : la première boîte contient 30 jetons et la seconde 25.

Ils calculent la différence : 30 – 25 = 5. La différence n'a pas changé.

- Annoncer que cette propriété de conservation de l'écart va être utile lorsqu'ils vont apprendre la technique pour effectuer une soustraction avec retenue.

Activité 2 : Exercices 1 et 2 du fichier

1 • Observer la technique utilisée par Sara qui calcule 645 – 28.

- Un élève lit la bulle de Sara ; pendant ce temps, au tableau, exécuter pas à pas ce que dit l'élève. Indiquer que l'on commence toujours par la colonne de droite, celle des unités : 5 – 8, c'est impossible. J'ajoute 1 dizaine (10 unités) à 5 unités. Le nombre 645 a donc augmenté d'une dizaine.

J'ajoute alors 1 dizaine (c'est la retenue) aux 2 dizaines du nombre 28 dans la colonne des dizaines (cela en fait 3) pour garder la même différence entre les nombres 645 et 28.

- Je calcule alors 15 – 8 = 7 et ensuite, le nombre de dizaines qui restent dans la colonne de gauche : 4d – 3d = 1d.
- S'intéresser à la colonne des centaines : dans le nombre 28, il n'y a pas de centaine : cette absence peut être notée par 0.

Il faut donc calculer 6c – 0c = 6c

- On trouve le résultat final : 617.
- Les élèves recopient cette opération sur leur fichier en mettant en évidence la retenue écrite en rouge.
- Demander : « Quel nombre obtient-on si on additionne 617 au nombre 28 ? »
- Noter les propositions des élèves et montrer que l'on retrouve 645. Comme pour la soustraction posée sans retenue, on peut vérifier le résultat d'une soustraction avec retenue en posant une addition.

2 • Observer l'opération 520 – 76 et lire la bulle de Mathix : cette opération va comporter 2 retenues.

- Recopier l'opération au tableau et la faire réaliser collectivement.
- Commencer par les unités : 0 – 6, c'est impossible. J'ajoute 1 dizaine (10 unités) à 0 unité. J'ajoute alors 1 dizaine (c'est la retenue) aux 7 dizaines du nombre 76 dans la colonne des dizaines (cela en fait 8) pour garder la même différence entre les nombres 520 et 76.
- Je calcule alors 10 – 6 = 4 et ensuite, le nombre de dizaines qui restent dans la colonne de gauche :

2d – 8d, c'est impossible.

J'ajoute 1 centaine (10 dizaines) à 2 dizaines. J'ajoute alors 1 centaine (c'est la retenue) au nombre 76 pour garder la même différence entre les nombres.

- Je calcule alors 12d – 8d = 4d.
- Pour les centaines, je calcule alors 5c – 1c = 4c.
- On obtient 520 – 76 = 444.
- Vérifier 444 + 76 = 520.

Séance 2

Activités individuelles de mathématisation

Exercices 3 et 4

3 Les élèves doivent effectuer trois opérations posées. La première est une soustraction avec retenue entre 2 nombres de 2 chiffres. La deuxième et la troisième sont des soustractions entre des nombres de 3 chiffres et de 2 chiffres avec une retenue pour la deuxième et deux retenues pour la troisième.

4 Les élèves doivent poser les opérations. Ils doivent écrire les unités sous les unités, les dizaines sous les dizaines...

Séance 3

Exercices 5 et 6

5 Les élèves doivent compléter des soustractions à trous. Il sera important de rappeler les relations entre soustraction et addition.

6 Les opérations devront être effectuées sur le cahier de brouillon.
Il est important de s'assurer que les élèves écrivent le plus grand nombre « en haut » de l'opération.

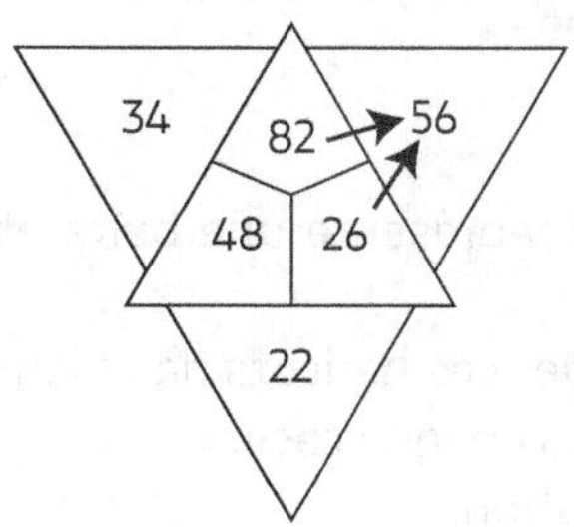

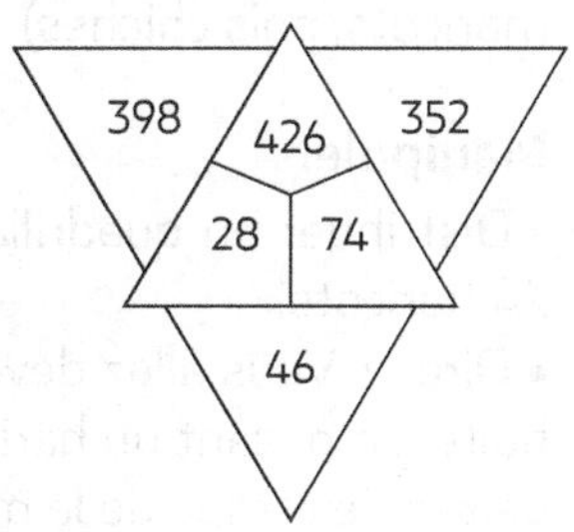

Séance 4

Évaluation formative

Exercices 7 et 8

Ces exercices sont progressifs.

7 Les élèves doivent calculer deux soustractions déjà posées.

8 Dans cet exercice, ils doivent poser et effectuer 2 soustractions. Ils devront être attentifs lorsqu'ils poseront la seconde soustraction, les 2 termes de la différence n'ayant pas le même nombre de chiffres.

Séance 5

Consolidation

Remédiation : Exercice 9

Deux soustractions sont posées et les retenues sont notées.

Approfondissement : Exercice 10

S'assurer de la compréhension de l'énoncé complexe du problème : il faut effectuer deux soustractions successives pour trouver le nombre d'Inès.
118 – 75 = 43
43 – 15 = 28
Les meilleurs élèves constateront que cela revient à retrancher 75 + 15 = 90, à 118.
118 – 90 = 28

11 Reconnaître et utiliser la multiplication

Fichier pp. 34-35

Programme	**Les nombres de 0 à 999.** L'écriture multiplicative.
Objectifs de l'apprentissage	Reconnaître la multiplication comme une addition réitérée ; utiliser l'écriture multiplicative.
Remarques préalables	Le produit de deux nombres est présenté comme le nombre de cases d'un quadrillage rectangulaire, les nombres de colonnes et de lignes sont les facteurs de ce produit. ▪ Cette présentation permet de préserver les deux significations de la multiplication : celle d'addition réitérée associée au mot « fois » et celle de produit de mesures correspondant, par exemple, au calcul de l'aire d'un rectangle ou encore au nombre de menus possibles en fonction du nombre d'entrées et de plats. D'autre part, le support du quadrillage permet de justifier facilement la commutativité de la multiplication. ▪ Dans cette leçon, les élèves découvrent que le nombre de lignes et de colonnes permet de définir le nombre de cases d'un quadrillage rectangulaire qui s'écrit à l'aide du symbole « × ». **Difficultés de la leçon** – Comprendre que le nombre de cases d'un quadrillage est défini par son nombre de lignes et de colonnes. – S'approprier un nouveau symbole et sa représentation géométrique sous forme de cases d'un quadrillage ou d'un tableau rectangulaire.

Calcul mental : Additions avec franchissement de la dizaine

Séances 1 à 3 (sur ardoise)
Séance 1 : *Écrire 5 + 7 = … ; l'élève écrit 12.*
Séance 2 : *Écrire 18 + 5 = … ; l'élève écrit 23.*
Séance 3 : *Écrire 47 + 4 ; l'élève écrit 51.*

Séance 4 (sur fichier)
→ *Écrire 26 + 6 ; l'élève écrit 32.*
***Items** : 26 + 6 ; 17 + 5 ; 28 + 5 ; 35 + 7 ; 29 + 4.*

Séance 5 : *Consolidation des séances précédentes.*

Séance 1

Activités collectives de construction du concept

Activité 1 : Former des tableaux rectangulaires avec des carrés

Organisation : Groupes de 2 élèves.
Matériel : Une collection de 20 petits carrés cartonnés identiques pour chaque groupe.

Manipuler

▪ Distribuer à chaque groupe une collection de 20 petits carrés cartonnés identiques.
▪ Demander à chaque groupe de former un rectangle de 3 lignes et 4 colonnes.
▪ Demander de compter le nombre de carrés utilisés.
▪ Reprendre l'activité avec un rectangle de 4 lignes et 5 colonnes, puis de 5 lignes et 3 colonnes.

Débattre

▪ Faire émerger que les nombres de lignes et de colonnes fixent le nombre de carrés nécessaires à la construction.

Schématiser, symboliser

▪ Le nombre de carrés que contient un tableau rectangulaire se note : nombre de lignes × nombre de colonnes. Exemple : 5 × 3. Lire « 5 multiplié par 3 ».
▪ Dessiner chacun des rectangles quadrillés au tableau en indiquant leurs nombres de lignes et de colonnes.
▪ Écrire en dessous de chaque rectangle les multiplications correspondantes en utilisant le symbole « × » :
3 × 4 = 12 ; 4 × 5 = 20 ; 5 × 3 = 15.

Activité 2 : Ranger des objets dans leur « boîte »

Organisation : Groupes de 2 ou 3 élèves.
Matériel : Photocopies d'un quadrillage de 6 lignes sur 4 colonnes (cases de 2 cm), un paquet de légumes secs (haricots, pois chiches), ardoises.

Manipuler

▪ Distribuer un quadrillage qui représente une boîte et 24 haricots.
▪ Dire : « Vous allez devoir ranger ces haricots dans leur boîte, en posant un haricot dans chaque case. »
Laisser le temps de la manipulation.
▪ Demander : « Comment savoir le nombre de haricots contenus dans chaque boîte sans les compter un par un ? »
▪ Laisser les élèves de chaque groupe discuter et noter sur leur ardoise leur solution.

Débattre, schématiser

▪ Un élève dénombre les haricots par comptage.
Mettre en commun les propositions des élèves.
Les validations ont lieu en comparant les calculs et leurs résultats.
▪ Si la notation 6 × 4 ou 4 × 6 n'apparaît pas, la faire apparaître en rappelant l'activité 1 qui conduit à écrire 6 × 4 = 4 × 6 = 24 (prononcer « multiplié par »).

- Faire remarquer que le résultat 24 a été calculé en additionnant plusieurs fois le même nombre : 6 + 6 + 6 + 6 = 4 fois 6 = 24 ou bien 4 + 4 + 4 + 4 + 4 + 4 = 6 fois 4 = 24. Souligner que ces deux calculs conduisent toujours au même résultat car on dénombre le même nombre de cases de deux façons différentes.
- Conclure que : « 6 multiplié par 4 est toujours égal à 4 multiplié par 6 et que leur valeur se calcule en faisant 6 fois 4 ou 4 fois 6. »

Activité 3 : Exercice 1 du fichier

Les élèves observent le calcul de Sara et celui de Yanis.

- Sara calcule le nombre de chocolats en additionnant 4 fois le nombre de chocolats contenus dans une colonne, c'est-à-dire 5. Cela revient à multiplier le nombre de carreaux d'une colonne, 5, par le nombre de colonnes, 4. Le calcul peut se faire mentalement, la réitération de 5 étant facile à calculer. Les élèves écrivent le résultat de l'opération de Sara.
- Yanis calcule le nombre de chocolats en additionnant 5 fois le nombre de chocolats contenus dans une ligne, c'est-à-dire 4. Cela revient à multiplier le nombre de carreaux d'une ligne, 4, par le nombre de lignes, 5. Les élèves écrivent le résultat de l'opération.
- Faire ensuite compléter la dernière égalité en insistant sur le fait que l'égalité entre 4 × 5 et 5 × 4 est prévisible puisqu'il s'agit du calcul du même nombre de chocolats. On vérifie que leur valeur est bien la même.

Séance 2

Activités individuelles de mathématisation

Exercices 2 et 3

2 Le support des dessins placés « en rectangle » doit permettre à tous les élèves de résoudre l'exercice.
Les erreurs portent en général sur le nombre d'itérations (confusion lignes et colonnes).
Les élèves en difficulté peuvent entourer les lignes ou les colonnes.

3 Faire compter oralement le nombre de carrés de chocolat sur chaque côté d'une tablette avant de laisser les élèves compléter les égalités du fichier.

Séance 3

Exercices 4, 5, 6 et 7

4 Les élèves doivent traduire une multiplication en une addition réitérée (avec, puis sans l'aide du premier terme), et calculer le résultat.
La dernière ligne insiste sur le statut du « 1 », élément neutre de la multiplication.

5 Ce problème met en lumière le statut du « 0 », élément absorbant de la multiplication : pour tout nombre n, « $n \times 0 = 0$ ».

6 Dans cet exercice, la commutativité de la multiplication est couplée à l'addition réitérée afin de faire réaliser à l'élève qu'une multiplication peut parfois être plus facile à calculer si les deux termes sont permutés.

7 Ce premier problème multiplicatif simple permet de réinvestir les connaissances acquises.
Il sera préférable de guider l'élève vers l'écriture de l'exercice 6, plutôt que vers un schéma sous forme de quadrillage ou de tableau.
Les itérations de 25 doivent être connues.
25 × 3 = 3 × 25 = 25 + 25 + 25 = 75

Séance 4

Évaluation formative

Exercice 8

L'exercice est basé uniquement sur des calculs en ligne, qui ne sont que des réinvestissements des notions abordées.
L'élément neutre de la multiplication (1) et l'élément absorbant (0) sont des propriétés importantes qui sont évaluées ici.

Séance 5

Consolidation

Remédiation : Exercice 9

L'élève est assisté dans sa démarche. Il peut être nécessaire de revenir à l'Activité 1.

Approfondissement : Exercice 10

L'arbre qui masque une grande partie des fenêtres empêche le dénombrement et oblige à utiliser une stratégie multiplicative.

12 Multiplier par 2, par 5, par 10

Fichier pp. 36-37

Programme	**Les nombres de 0 à 999.** Définition et utilisation de la propriété de la multiplication par 2, 5 et 10.
Objectifs de l'apprentissage	- Reconnaître la propriété de la multiplication par 2, 5 et 10. - Calculer les produits des nombres 2, 5 et 10 et les utiliser.
Remarques préalables	Il faut que l'élève construise les tables qu'il devra apprendre par cœur afin de rendre leur apprentissage plus facile. Ces tables, construites sur le même modèle, utilisent l'addition réitérée pour le calcul du produit. Pour apprendre la table de 2, l'élève doit savoir que pour passer d'un résultat au suivant, il faut ajouter 2. Dans ce cas particulier, la commutativité de la multiplication permet aussi d'ajouter à lui-même le nombre par lequel on multiplie 2, ce qui débouche sur la notion de double. Pour apprendre les tables de 5 et de 10, il doit savoir ajouter respectivement 5 puis 10 pour passer d'un résultat au suivant. Les tables de 2, de 5, de 10 sont les premières tables étudiées car les plus faciles à apprendre. Ne pas oublier de rappeler la commutativité de la multiplication qui est un outil facilitateur dans de nombreux calculs de produits. **Difficultés de la leçon** - Savoir ajouter 2, 5 et 10. - Connaître les produits indépendamment de l'ordre de la table. **Aide** Calcul mental : Ajouter 2, 5, 10 et fréquentes interrogations sur les produits.

Calcul mental : Différences de dizaines entières

Séances 1 à 3 (sur ardoise)
Séance 1 : *Écrire 50 – 20 = ... (Nombres < 100) ; l'élève écrit 30.*
Séance 2 : *Écrire 70 – 30 = ... (Nombres < 100) ; l'élève écrit 40.*
Séance 3 : *Écrire 140 – 20 = ... (sans franchir la centaine) ; l'élève écrit 120.*

Séance 4 (sur fichier)
→ *Écrire 160 – 20 = ... ; l'élève écrit 140.*
***Items** : 160 – 20 ; 70 – 50 ; 80 – 30 ; 150 – 30 ; 140 – 10.*

Séance 5 : *Consolidation des séances précédentes.*

Séance 1

Activités collectives de construction du concept

Activité 1 : Table de 2. Passer d'un rectangle à l'autre

Organisation : Classe entière.
Matériel : Feuille de rectangles quadrillés des produits de la table de 2 (voir matériel photocopiable).

- Distribuer à chaque élève une feuille sur laquelle sont photocopiés les rectangles quadrillés des produits de la table de 2.

Manipuler, schématiser

- Découper chaque rectangle quadrillé.
- Ranger ensuite ces rectangles, du plus grand au plus petit, en les empilant : entre chaque niveau il apparaît 2 cases.
- En partant du rectangle du dessus, demander comment passer d'un rectangle au suivant sans recompter l'ensemble des carreaux.

Débattre, symboliser

- Les élèves se rendent compte que l'écart entre les rectangles est toujours de deux cases : pour passer d'un rectangle au suivant il faut donc ajouter 2.

Le premier petit rectangle du haut est composé de 2 cases : 1 × 2 = 2
Le deuxième de 2 cases supplémentaires :
2 × 2 = 2 + 2 = 4
Le troisième de 2 cases supplémentaires :
3 × 2 = 4 + 2 = 6 ; etc.
On passe donc d'un produit au suivant en ajoutant 2. La table est écrite et complétée au tableau.

- Utiliser la commutativité de la multiplication : pour calculer 8 fois 2, on peut calculer 2 fois 8 :
8 × 2 = 2 × 8 ; 2 fois 8 c'est 8 + 8 =16.
- La table de 2 de la multiplication est la table des doubles.

Activité 2 : Table de 5. Passer d'un rectangle à l'autre

Matériel : Feuille de rectangles quadrillés des produits de la table de 5 (voir matériel photocopiable).

- Reprendre l'Activité précédente avec les rectangles quadrillés des produits de la table de 5.
- Suivre la même méthode que précédemment.

On passe donc d'un produit au suivant en ajoutant 5.

- Les élèves remarquent que les produits de la table de 5 se terminent par 0 ou 5 ce qui sera une aide pour apprendre la table.

Activité 3 : Table de 10

- Reprendre l'activité précédente avec les rectangles quadrillés des produits de la table de 10 (matériel à construire).
- Suivre la même méthode que précédemment.

On passe donc d'un produit au suivant en ajoutant 10.

▪ Les élèves remarquent que les produits de la table de 10 sont des dizaines et se terminent donc par 0. Pour multiplier un nombre par 10, on écrit un zéro à la droite de ce nombre.

Activité 4 : Exercice 1 du fichier

Les élèves retrouvent la suite des produits de la table de 2 étudiée dans l'activité 1.
Ils complètent la table.
Ils font de même avec les suites des produits de la table de 5 et de la table de 10.

Séance 2

Activités individuelles de mathématisation

Exercices 2 et 3

2 Conseiller aux élèves de compléter les égalités ligne par ligne, car les produits à calculer sur chaque ligne appartiennent à une même table.

3 Tous les nombres de l'exercice doivent être soulignés en bleu car se terminant par 0 ou 5, ils sont tous dans la table de 5. Sont entourés en vert les nombres se terminant par 0 qui sont dans la table de 10.

Séance 3

Exercices 4, 5 et 6

4 Les tables ont été construites avec des produits croissants. La connaissance d'un produit permet de calculer le suivant. Les élèves vont apprendre que l'on peut calculer un produit précédant un produit connu.
Dans cet exercice de trois items, il faut trouver le produit suivant et le produit précédent d'un produit donné.

5 Cet exercice traite de la commutativité.

$2 \times 7 = 7 \times 2 = 14$ $2 \times 9 = 9 \times 2 = 18$
$5 \times 8 = 8 \times 5 = 40$ $10 \times 6 = 6 \times 10 = 60$

6 Ce problème multiplicatif porte sur le calcul d'un prix.
$5 \times 9 = 45$
Yanis dépense 45 Dh.

Séance 4

Évaluation formative

Exercice 7

Évaluation des tables. Le dernier produit par 9 de chaque exercice n'est pas le suivant proche de celui qui le précède. Mais il précède le produit par 10 sur lequel l'élève peut penser à s'appuyer.

Séance 5

Consolidation

Remédiation : Exercice 8

Six paires de produits des tables de 2, de 5, de 10. Pour chacune, il faut trouver le produit suivant le produit connu.

Approfondissement : Exercice 9

Conventionnellement les tables s'arrêtent à 10 × ... .
Nous proposons de continuer la table de 5 après 10 × ... ;
$11 \times 5 = 55$; $12 \times 5 = 60$.

Construire la table de 2 de la multiplication

Matériel photocopiable

Construire la table de 5 de la multiplication

Matériel photocopiable

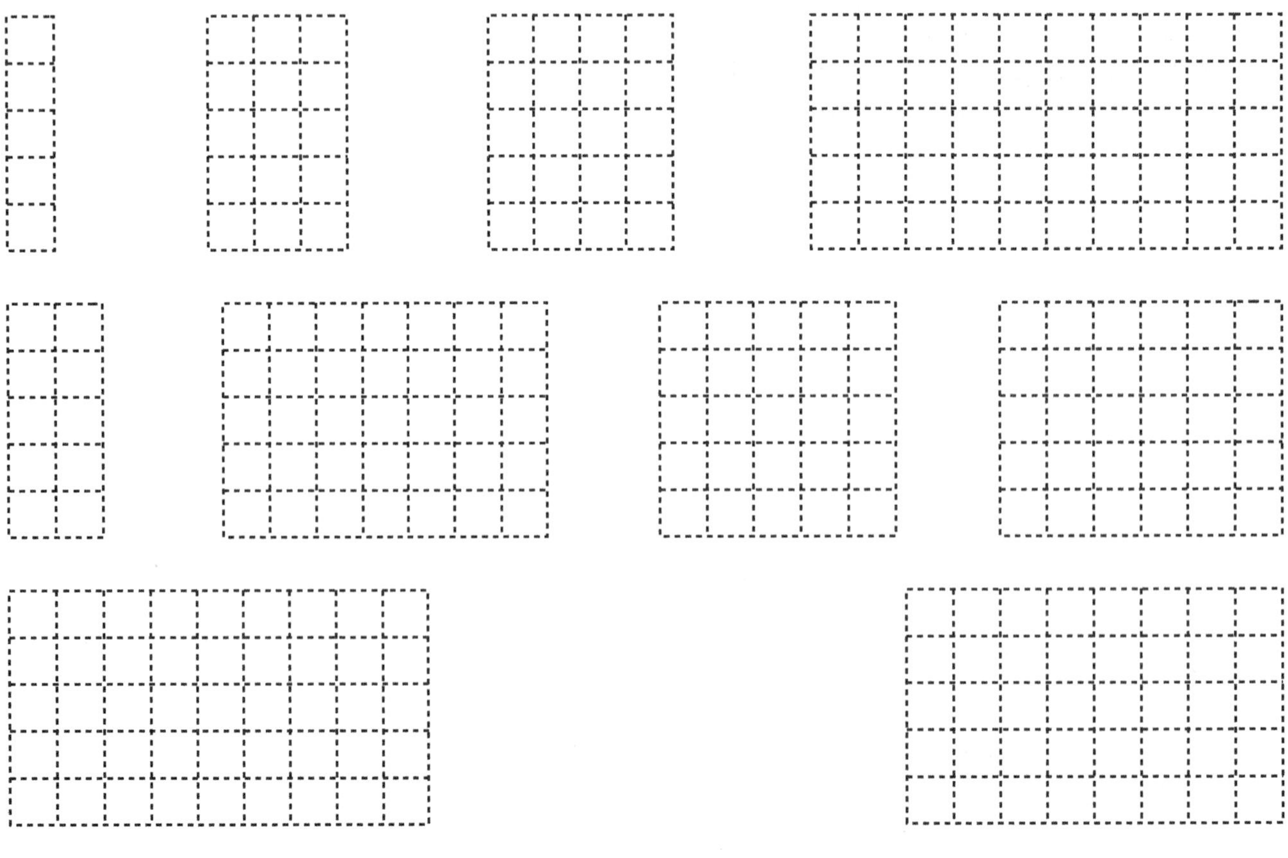

B3 Bilan de l'unité 3

Fichier pp. 38-39

Évaluation sommative

Énoncés	Réponses et commentaires
1 Calcule.	d u 8 14 − 2(+1) 9 = **5 5** c d u 5 14 12 − (+1) 7(+1) 6 = **4 6 6** **Remédiation :** Revoir la technique de la soustraction avec retenue en petits groupes.
2 Pose et **calcule.**	c d u 4 16 13 − (+1) 8(+1) 9 = **3 7 4** **Remédiation :** Revoir la technique de la pose de la soustraction de 2 nombres ne comportant pas le même nombre de chiffres. Utiliser un tableau de numération.
3 Calcule.	**3 × 5 = 5 × 3 = 15** **4 × 5 = 5 × 4 = 12**
4 Complète.	5 × 2 = **10** 6 × 2 = **12** 7 × 2 = **14** 4 × 5 = **20** 5 × 5 = **25** 8 × 10 = **80** **Remédiation :** Revoir les tables de multiplication en calcul mental.
5 Problème. Au cross du village, les coureurs parcourent 8 fois un circuit de 3 km. **Quelle est la longueur de cette course ?**	**8 × 3 = 3 × 8 = 8 + 8 + 8 = 24** *Cette course a une longueur de* **24** *km.* **Remédiation :** S'assurer que l'expression 8 fois un circuit de 3 km est comprise. Représenter le circuit au tableau et le parcourir 8 fois avec le doigt.
6 Complète.	500 g + 500 g = 1 kg ; 1 kg + 100 g = 1 kg 100 g Le livre pèse **1 kg 100 g.** **Remédiation :** Regrouper les deux masses de 500 g sur une balance et montrer qu'elles sont équivalentes à une masse de 1 kg.

Consolidation

1 Calcule.	c d u 7 12 − 3(+1) 9 = **3 3** 72 − 39 = **33** c d u 2 9 13 − 4(+1) 7 = **2 4 6** 293 − 47 = **246** c d u 5 12 11 − (+1) 6(+1) 5 = **4 5 6** 521 − 65 = **456**
2 Calcule le nombre de fleurs de deux façons.	**Première manière** 3 + **3 + 3 + 3 = 12** 4 × 3 = **12** **Seconde manière** 4 + **4 + 4 = 12** 3 × 4 = **12**

S1 Évaluation semestrielle (1)

Fichier pp. 40-41

Énoncés	Réponses et commentaires

1 Colorie les étiquettes égales à 100.

90 + 1 | 90 + 10 | 50 + 50 | 80 + 10 | 95 + 5 | 99 + 1

Remédiation : Utiliser le matériel de numération. Insister sur 100 = 10 d.

2 Complète suivant l'exemple.

trois cent soixante-onze	**371**	**3c 7d 1u**	**300 + 70 + 1**
quatre cent quatre-vingt-six	**486**	**4c 8d 6u**	**400 + 80 + 6**
cent quatre-vingt-dix-huit	**198**	**1c 9d 8u**	**100 + 90 + 8**

Remédiation : Utiliser un tableau de numération et la lecture des nombres « difficiles » de 70 à 99.

3 Range ces nombres dans l'ordre croissant 150 ; 369 ; 807 ; 99.

99 < 150 < 369 < 807

Remédiation : Vérifier que l'expression « ordre croissant » est bien comprise. Revoir les règles de comparaison.

4 5 Calcule.

	d	u
	5	4
+	2	3
=	**7**	**7**

	c	d	u
		(1)	
	1	3	7
+	8	1	5
=	**9**	**5**	**2**

	d	u
	9	6
–	6	4
=	**3**	**2**

	d	u
	6	12
–	4 (+1)	8
=	**1**	**4**

Remédiation : Revoir les tables d'addition pour les erreurs de calcul. Demander d'écrire les retenues comme dans les leçons.

6 Complète.

3 × 5 = 5 + **5 + 5 = 15**

2 × 10 = **10 + 10 = 20**

4 × 2 = 2 + **2 + 2 + 2 = 8**

3 × 3 = **3 + 3 + 3 = 9**

Remédiation : Distinguer les erreurs de calcul, des erreurs de compréhension. Lire à haute voix : 3 × 5 c'est 3 fois 5 donc 5 + 5 + 5.

7 Problème. Une fleuriste confectionne 4 bouquets de 5 roses. **Combien utilise-t-elle de roses ?**

4 × 5 = 20

La fleuriste utilise **20** *roses.*

Remédiation : Faire jouer la situation avec des jetons ou des bûchettes.

8 Termine les constructions pour obtenir :

un carré

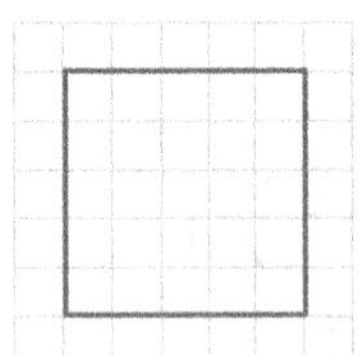

un rectangle

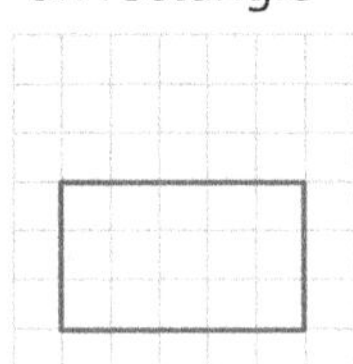

un triangle

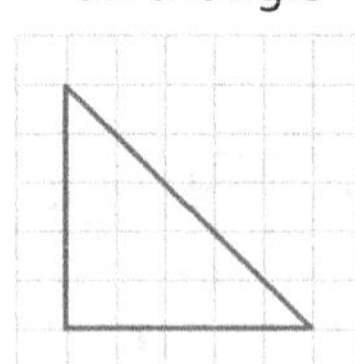

Remédiation : Revoir les propriétés de ces 3 figures. Il y a plusieurs solutions pour le rectangle et le triangle.

9 Mesure, en cm, la longueur du segment.

La longueur du segment est égale à 12 cm.

Remédiation : Reprendre la technique du mesurage d'une longueur avec une règle graduée.

10 Écris la masse du livre.

1 kg

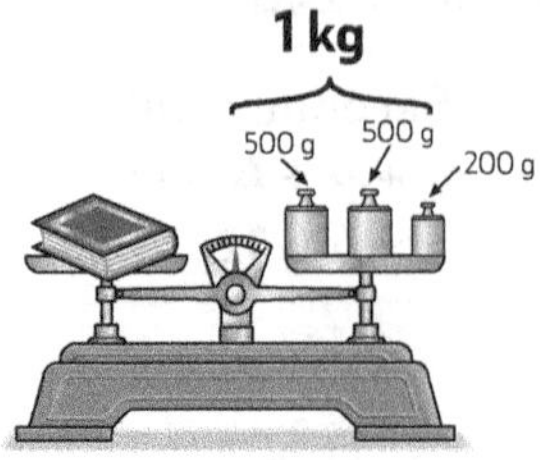

1 kg **200** g

Remédiation : S'assurer que l'élève connaît les relations : 1 kg = 500 g + 500 g = 1 000 g.

13 Multiplier par 3, par 4

Fichier pp. 42-43

Programme	**Les nombres de 0 à 999.** Définition et utilisation de la propriété de la multiplication par 3 et 4.
Objectifs de l'apprentissage	– Reconnaître la propriété de la multiplication par 3 et 4. – Calculer les produits des nombres 3 et 4 et les utiliser.
Remarques préalables	▪ Les tables de multiplication doivent être connues des élèves car elles constituent une base pour toute l'arithmétique. Leur apprentissage est long et s'étale sur plusieurs années, il faut donc y revenir fréquemment. ▪ Afin de rendre cet apprentissage plus facile, il faut que l'élève construise les tables qu'il devra apprendre par cœur pour comprendre leur structure et les retenir plus facilement. Ces tables, construites sur le même modèle, utilisent l'addition réitérée pour le calcul du produit. Pour apprendre la table de 3, l'élève doit savoir que pour passer d'un résultat au suivant, il faut ajouter 3. Pour apprendre la table de 4, il doit savoir ajouter 4 pour passer d'un résultat au suivant. ▪ Ne pas oublier de rappeler la commutativité de la multiplication. **Difficultés de la leçon** – Comprendre la structure d'une table de multiplication. – Percevoir les liens entre les différents produits. **Aide** – Aide visuelle avec une table écrite au tableau et des flèches montrant comment on passe d'un produit au suivant. – Revenir régulièrement sur les tables de la multiplication en calcul mental.

Calcul mental : Multiplier par 2, par 5, par 10

Séances 1 à 3 (sur ardoise)
Séance 1 : *Dire un produit de la table de 2 ; l'élève écrit le résultat.*
Séance 2 : *Dire un produit de la table de 5 ; l'élève écrit le résultat.*
Séance 3 : *Dire un produit de la table de 10 ; l'élève écrit le résultat.*

Séance 4 (sur fichier)
➜ *Dire : « 3 × 5 » ; l'élève écrit 15.*
Items *: « 3 × 5 » ; « 4 × 2 » ; « 5 × 10 » ; « 3 × 6 » ; « 4 × 8 ».*

Séance 5 : *Consolidation des séances précédentes.*

Séance 1

Activités collectives de construction du concept

Activité 1 : Table de 3. Passer d'un rectangle à l'autre

Organisation : Classe entière.
Matériel : Feuille de rectangles quadrillés des produits de la table de 3 (voir matériel photocopiable).

▪ Distribuer à chaque élève une feuille sur laquelle sont photocopiés les rectangles quadrillés des produits de la table de 3.

Manipuler, schématiser

▪ Découper chaque rectangle quadrillé.
▪ Ranger ensuite ces rectangles, du plus grand au plus petit, en les empilant : entre chaque niveau, il apparaît 3 cases.
▪ Demander comment passer d'un rectangle au suivant sans recompter l'ensemble des carreaux.

Débattre, symboliser

▪ Les élèves se rendent compte que l'écart entre deux rectangles qui se touchent est toujours de trois cases : pour passer d'un rectangle au suivant, il faut donc ajouter 3. Écrire au tableau :
3 × 1 = 3
3 × 2 = 3 + 3 = 6
3 × 3 = 6 + 3 = 9 ; etc.

Activité 2 : Table de 4. Passer d'un rectangle à l'autre

Matériel : Feuille de rectangles quadrillés des produits de la table de 4 (voir matériel photocopiable).

▪ Reprendre l'activité précédente avec les rectangles quadrillés des produits de la table de 4.
▪ Suivre la même méthode que précédemment.
On passe donc d'un produit au suivant en ajoutant 4.

Activité 3 : Exercice 1 du fichier

▪ Les élèves retrouvent la suite des produits de la table de 3 étudiée dans l'Activité 1. Ils complètent la table.
▪ Ils font de même avec la suite des produits de la table de 4.

Séance 2

Activités individuelles de mathématisation

Exercices 2, 3 et 4

2 Conseiller aux élèves de compléter les égalités ligne par ligne, car les produits à calculer sur chaque ligne font partie d'une même table.

3 Cet exercice traite de la commutativité.
Commenter la bulle de Mathix.

4 Pour réaliser cet exercice, les élèves peuvent se référer aux tables construites précédemment. Certains produits utilisent la commutativité de la multiplication pour être calculés. Pour ceux qui ne percevraient pas la commutativité, prendre le rectangle correspondant à 3 × 4. Montrer, en le tournant, qu'il correspond aussi au produit 4 × 3.

Séance 3

Exercices 5, 6 et 7

Problèmes multiplicatifs. Si la situation multiplicative n'est pas perçue, jouer la situation.

5 Pour connaître le nombre d'élèves, les élèves doivent calculer une multiplication : 8 × 3.
Il y a 24 élèves dans cette classe.

6 Pour connaître le nombre de carrés de chocolat, les élèves doivent calculer une multiplication : 7 × 4.
Cette tablette contient 28 carrés de chocolat.

7 Pour connaître le nombre total de crayons, les élèves doivent calculer une multiplication : 3 × 6.
Yanis a acheté 18 crayons.

Séance 4

Évaluation formative

Exercices 8 et 9

8 L'évaluation porte sur les tables. Compléter ligne par ligne, c'est calculer sur une même ligne les produits d'une même table.

9 C'est un problème multiplicatif de la vie quotidienne.
Youssef a acheté 24 yaourts.

Séance 5

Consolidation

Remédiation : Exercice 10

Dans chacun des deux items de cet exercice, il faut trouver le produit suivant et le produit précédent d'un produit donné.
Pour le premier item qui porte sur la table de 3, il faut ajouter 3 à 15 pour trouver le produit suivant (6 × 3 = 18) et retrancher 3 à 15 pour trouver le produit précédent (4 × 3 = 12).
Même démarche pour le deuxième item qui porte sur la table de 4.

Approfondissement : Exercice 11

Les élèves doivent compléter un des deux termes du produit dans ces multiplications à trou. Cela permet de consolider l'apprentissage des tables.

Construire la table de 3 de la multiplication

Matériel photocopiable

Construire la table de 4 de la multiplication

Matériel photocopiable

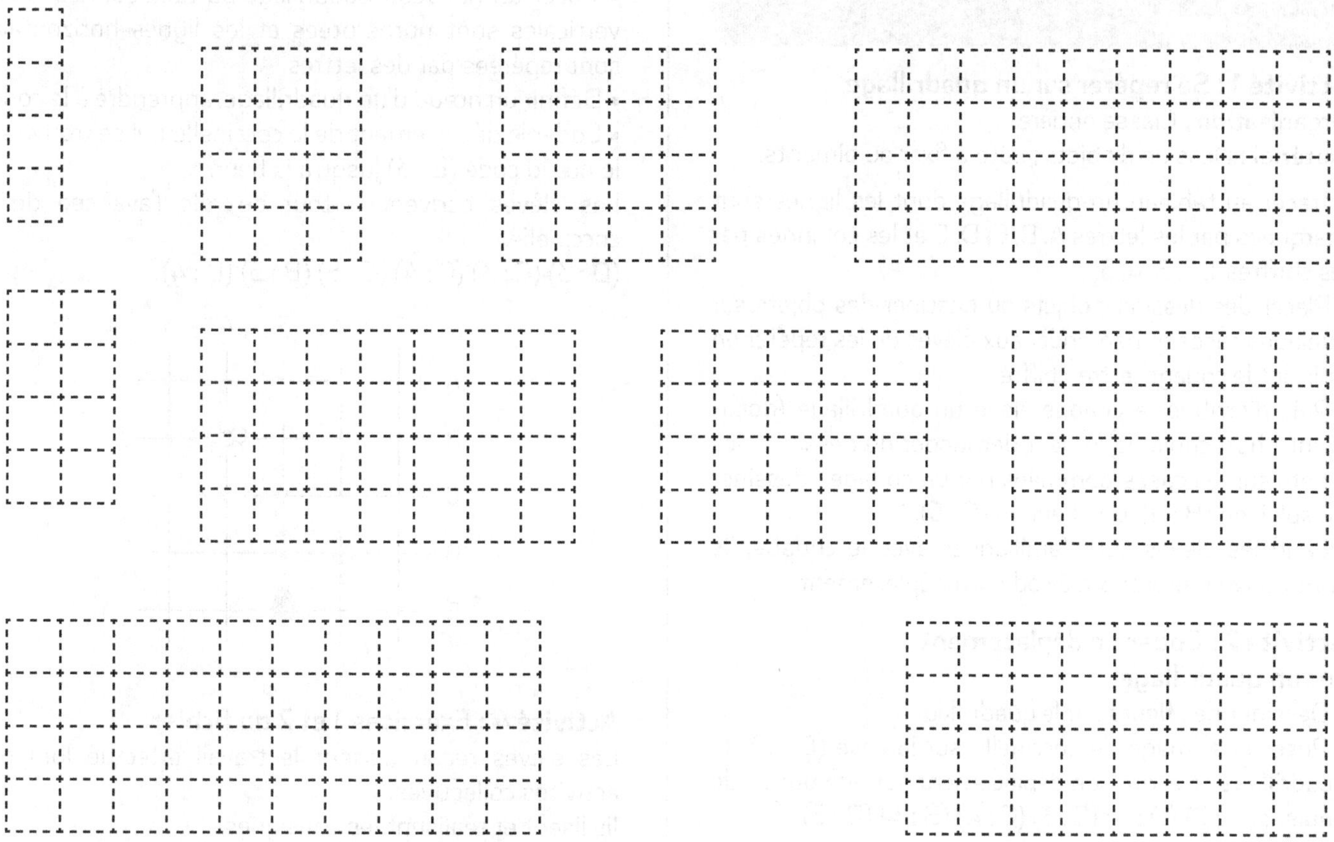

14 Se repérer et se déplacer sur quadrillage

Fichier pp. 44-45

Programme	**Géométrie.** Parcours sur une grille.
Objectifs de l'apprentissage	Se repérer et se déplacer sur un quadrillage (case, noeud et codage).
Remarques préalables	Dans cette leçon, les élèves vont découvrir une façon de coder les déplacements sur quadrillage, différente des classiques flèches dont la succession pose souvent des problèmes d'interprétation. Ce type de codage est rapidement compris par les élèves, il préfigure les abscisses et ordonnées qui permettront, au collège, d'associer à chaque point du plan un couple de coordonnées cartésiennes. **Difficulté de la leçon** Difficulté à comprendre le codage des cases et des nœuds. **Aide** Reprendre l'activité collective en atelier.

Calcul mental : Dictée de nombres

Séances 1 à 3 (sur ardoise) :
Séance 1 : *Dire : « 109 » ; l'élève écrit 109.*
Séance 2 : *Dire : « 275 » ; l'élève écrit 275.*
Séance 3 : *Dire : « 894 » ; l'élève écrit 894.*

Séance 4 (sur fichier)
→ *Dire : « 207 » ; l'élève écrit 207.*
***Items :** « 207 » ; « 372 » ; « 409 » ; « 580 » ; « 870 ».*

Séance 5 : *Consolidation des séances précédentes.*

Séance 1

Activités collectives de construction du concept

Activité 1 : Se repérer sur un quadrillage
Organisation : Classe entière.
Matériel : Dessins d'objets ; pâte à fixer ou aimants.

- Tracer au tableau un quadrillage dont les lignes sont marquées par les lettres A, B, C, D, E et les colonnes par les chiffres 1, 2, 3, 4, 5.
- Placer des dessins d'objets ou dessiner des objets sur quelques cases et demander aux élèves de les repérer en utilisant le codage lettre-chiffre.
- Puis distribuer à chaque élève un quadrillage (document photocopiable) et leur demander de dessiner des objets sur les cases nommées par un codage : dessiner un soleil en (B ; 4), une fleur en (C ; 5)...

Quand les élèves sont familiarisés avec le codage, ils vont pouvoir apprendre à coder un déplacement.

Activité 2 : Coder un déplacement sur un quadrillage

- Dessiner des fleurs sur le quadrillage.
- Poser une image de coccinelle sur la case (E ; 2) du quadrillage et écrire son déplacement sur une bande de papier : (D ; 2) (D ; 3) (C ; 3) (C ; 4) (B ; 4) (B ; 5)
- Un élève coche les cases traversées par la coccinelle sous le contrôle de la classe, puis entoure la fleur sur laquelle se pose la coccinelle.

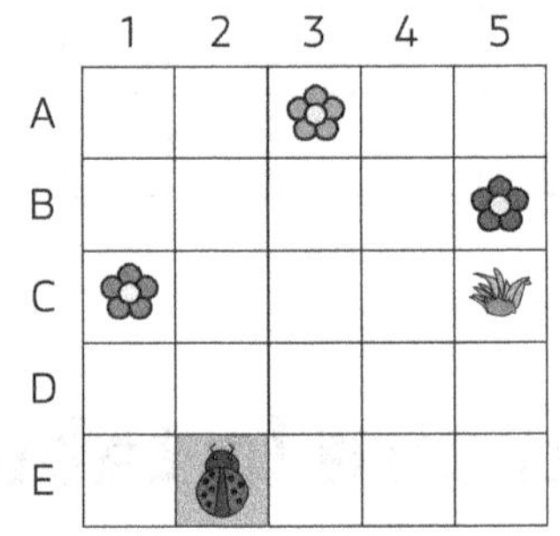

Activité 3 : Les nœuds du quadrillage

- Tracer un nouveau quadrillage au tableau. Les lignes verticales sont numérotées et les lignes horizontales sont repérées par des lettres.
- Définir un nœud d'un quadrillage, apprendre à le coder.
- Coder le déplacement de la coccinelle qui se trouve sur le nœud codé (E ; 3) jusqu'à la fleur.

Les élèves écrivent à tour de rôle l'avancée de la coccinelle.
(D ; 3) (C ; 3) (C ; 4) (C ; 5) (B ; 5) (B ; 4)

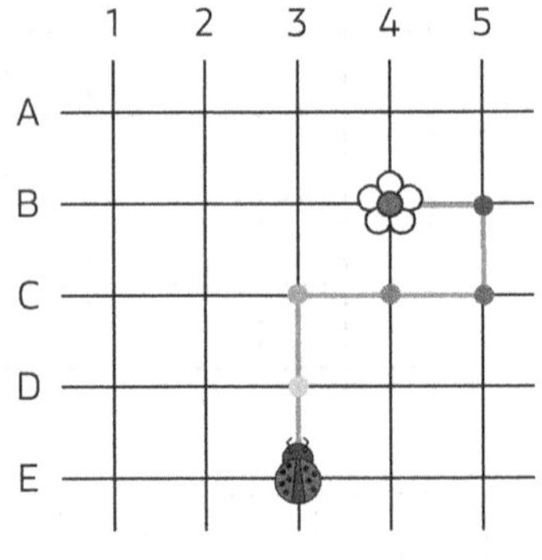

Activité 4 : Exercices 1 et 2 du fichier
Les élèves reconnaissent le travail effectué lors des activités collectives.
Ils lisent et réalisent les consignes.

1 Cet exercice reprend le déplacement sur un quadrillage.

2 Dans cet exercice, le déplacement se fait sur les nœuds du quadrillage.

Le débat lors de la mise en commun permet la correction des erreurs.

Séance 2

Activités individuelles de mathématisation

Exercice 3

Dans cet exercice, les élèves doivent coder le chemin du robot qui se déplace sur des cases.

Séance 3

Exercice 4

Les élèves doivent tracer le trajet du bateau qui suit les nœuds d'un quadrillage d'après le codage donné.

Séance 4

Évaluation formative

Exercice 5

Cet exercice vérifie le codage des cases d'un chemin sur un plan après avoir vérifié le codage des cases de départ et d'arrivée.

Séance 5

Consolidation

Remédiation : Exercice 6

Cet exercice propose un codage des cases sur un petit quadrillage pour renforcer cet apprentissage.

Approfondissement : Exercice 7

Cet exercice propose une nouveauté : un codage entièrement numérique de nœuds du quadrillage.

Se repérer et se déplacer sur quadrillage

Matériel photocopiable

	1	2	3	4	5
A					
B					
C					
D					
E					

	1	2	3	4	5
A					
B					
C					
D					
E					

15 Multiplier par 6, par 7

Fichier pp. 46-47

Programme	**Les nombres de 0 à 999.** Définition et utilisation de la propriété de la multiplication par 6 et 7.
Objectifs de l'apprentissage	– Reconnaître la propriété de la multiplication par 6 et par 7. – Calculer les produits des nombres 6 et 7 et les utiliser.
Remarques préalables	▪ Les tables de multiplication doivent être connues des élèves car elles constituent une base pour toute l'arithmétique. Leur apprentissage est long et s'étale sur plusieurs années, il faut donc accepter de l'étaler dans la durée et d'y revenir fréquemment. ▪ Afin de rendre cet apprentissage plus facile, il faut que l'élève construise les tables qu'il devra apprendre par cœur pour comprendre leur structure. Ces tables, construites sur le même modèle, utilisent l'addition réitérée pour le calcul du produit. Pour apprendre la table de 6, l'élève doit savoir que pour passer d'un résultat au suivant, il faut ajouter 6. S'il connaît déjà la table de 3, il peut utiliser le fait qu'un produit d'un nombre par 6 est le double du produit du même nombre par 3. Pour apprendre la table de 7, il doit savoir ajouter 7 pour passer d'un résultat au suivant. ▪ Ne pas oublier de rappeler et d'utiliser la commutativité de la multiplication. **Difficultés de la leçon** – Comprendre la structure d'une table de multiplication. – Percevoir les liens entre les différents produits. **Aide** – Aide visuelle avec une table écrite au tableau et des flèches montrant comment on passe d'un produit au suivant. – Revenir régulièrement sur les tables de la multiplication en calcul mental.

Calcul mental : Multiplier par 3, par 4

Séances 1 à 3 (sur ardoise) :
Séance 1 : *Dire : « 7 × 3 » (table de 3) ; l'élève écrit 21.*
Séance 2 : *Dire : « 5 × 4 » (table de 4) ; l'élève écrit 20.*
Séance 3 : *Dire : « 4 × 3 » (tables de 3 et de 4) ; l'élève écrit 12.*

Séance 4 (sur fichier)
➜ *Dire : « 6 × 4 » ; l'élève écrit 24.*
***Items :** « 6 × 4 » ; « 5 × 3 » ; « 3 × 4 » ; « 6 × 3 » ; « 8 × 4 ».*

Séance 5 : *Consolidation des séances précédentes.*

Séance 1

Activités collectives de construction du concept

Activité 1 : Table de 6. Passer d'un rectangle à l'autre

Organisation : Classe entière.
Matériel : Feuille de rectangles quadrillés des produits de la table de 6 (voir matériel photocopiable).

▪ Distribuer à chaque élève une feuille sur laquelle sont photocopiés les rectangles quadrillés des produits de la table de 6.

Manipuler, schématiser

▪ Découper chaque rectangle quadrillé.
▪ Ranger ensuite ces rectangles, du plus grand au plus petit, en les empilant de bas en haut dans cet ordre : entre chaque niveau, il apparaît 6 cases.
▪ Demander comment passer d'un rectangle au suivant sans recompter l'ensemble des carreaux.

Débattre, symboliser

Les élèves se rendent compte que l'écart entre deux rectangles qui se touchent est toujours de six cases : pour passer d'un rectangle au suivant, il faut donc ajouter 6.
Écrire au tableau :
6 × 1 = 6
6 × 2 = 6 + 6 = 12
6 × 3 = 12 + 6 = 18, etc.

Activité 2 : Table de 7. Passer d'un rectangle à l'autre

Matériel : Feuille de rectangles quadrillés des produits de la table de 7 (voir matériel photocopiable).

▪ Reprendre l'activité précédente avec les rectangles quadrillés des produits de la table de 7.
▪ Suivre la même méthode que précédemment.

Activité 3 : Exercice 1 du fichier

▪ Dans cet exercice, les élèves retrouvent la suite des produits de la table de 6 étudiée dans l'activité 1. Ils complètent la table.
▪ Ils font de même avec la suite des produits de la table de 7.

Séance 2

Activités individuelles de mathématisation

Exercices 2, 3 et 4

2 Conseiller aux élèves de compléter les égalités ligne par ligne, car les produits à calculer sur chaque ligne font partie d'une même table.

Demander de se référer à la table construite précédemment.

3 Cet exercice utilise la commutativité de la multiplication. Pour les élèves qui ne percevraient pas la commutativité, prendre le rectangle correspondant à 6 × 7. Montrer, en le tournant, qu'il correspond aussi au produit 7 × 6.

4 Cet exercice consiste à colorier chaque produit de la couleur de son résultat. Les valeurs 24 et 30 apparaissent deux fois chacune.

Séance 3

Exercices 5, 6, 7 et 8

Chacun de ces exercices est un petit problème qui se modélise et se résout par une multiplication. Les nombres sont choisis pour que les additions réitérées deviennent décourageantes afin de mettre en évidence l'intérêt des multiplications qui viennent d'être étudiées. Les tables construites en séance 1 peuvent être consultées

5 Les 8 bracelets de 7 perles contiennent 56 perles car 8 × 7 perles = 56 perles.

6 Le poissonnier a exposé 63 dorades car 9 cagettes de 7 dorades contiennent 9 × 7 dorades = 63 dorades.

7 Le livreur transporte 54 bouteilles de limonade car 9 caisses de 6 bouteilles contiennent 9 × 6 bouteilles = 54 bouteilles.

8 Fatima a parcouru 42 km car 6 tours de 7 km représentent 6 × 7 km = 42 km.

Séance 4

Évaluation formative

Exercices 9 et 10

9 L'évaluation porte sur les tables. Compléter colonne par colonne, c'est calculer les produits d'une même table.

10 C'est un problème multiplicatif de la vie quotidienne. La fleuriste utilise 48 roses car 8 × 6 roses = 48 roses.

Séance 5

Consolidation

Remédiation : Exercice 11

Dans ces deux items, il faut trouver le produit suivant et le produit précédent un produit par 5, qui fait souvent partie des premiers produits mémorisés.
Pour le premier item qui porte sur la table de 6, il faut ajouter 6 à 30 pour trouver le produit suivant (6 × 6 = 36) et retrancher 6 à 30 pour trouver le produit précédent (4 × 6 = 24).
Même démarche pour le deuxième item qui porte sur la table de 7.

Approfondissement : Exercice 12

C'est un problème multiplicatif de la vie quotidienne.
Les élèves doivent se souvenir que 1 semaine compte 7 jours. Yazid part 5 semaines, il part donc durant 5 × 7 jours = 35 jours.

Construire la table de 6 de la multiplication

Matériel photocopiable

Construire la table de 7 de la multiplication

Matériel photocopiable

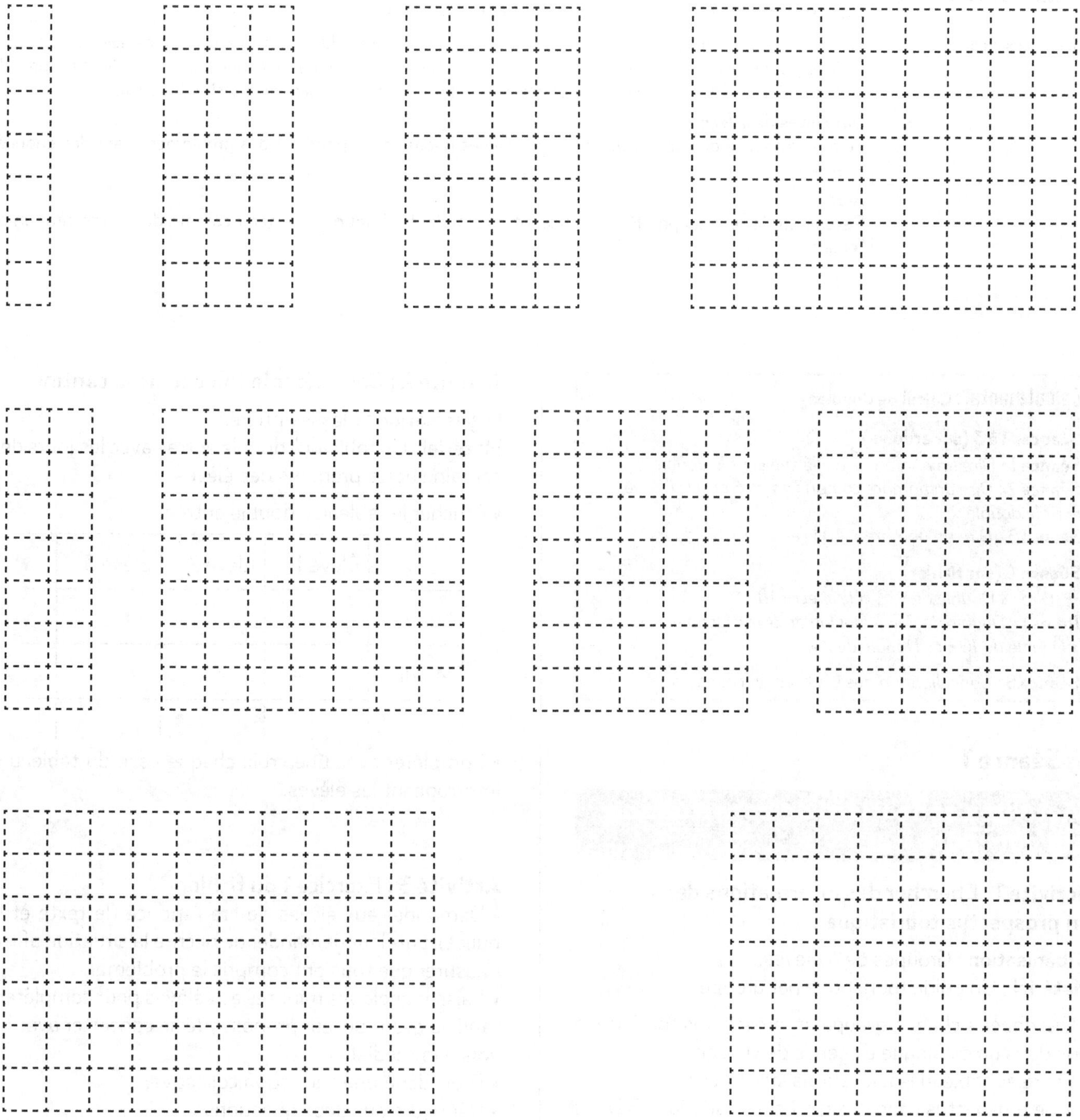

16 Utiliser un tableau

Fichier pp. 48-49

Programme	**Organisation et traitement de données.**
Objectifs de l'apprentissage	– Présenter les données dans un tableau. – Lire et interpréter les données contenues dans un tableau.
Remarques préalables	L'objet de cette leçon est d'apprendre à présenter les données dans un tableau ou à les sélectionner d'un tableau pour résoudre des problèmes. Nous avons choisi de présenter des énoncés essentiellement tirés de la vie quotidienne avec un minimum de texte écrit pour ne pas compliquer la tâche des élèves. **Difficultés de la leçon** Ce type d'énoncé déstabilise de nombreux élèves habitués à répondre à des problèmes ayant des énoncés linéaires. **Aide** Revenir sur le sens du problème en faisant reformuler la situation sans tenir compte de la présentation de l'énoncé.

Calcul mental : Calcul de doubles

Séances 1 à 3 (sur ardoise)
Séance 1 : *Dire un nombre ≤ 6 ; l'élève écrit le double.*
Séance 2 : *Dire un nombre compris entre 6 et 10 ; l'élève écrit le double.*
Séance 3 : *Dire un nombre ≤ 10 ; l'élève écrit le double.*

Séance 4 (sur fichier)
→ *Dire : « Double de 9 » ; l'élève écrit 18.*
***Items :** « Double de 9 » ; « Double de 6 » ; « Double de 8 » ; « Double de 10 » ; « Double de 7 ».*

Séance 5 : *Consolidation des séances précédentes.*

Séance 1

Activités collectives de construction du concept

Activité 1 : Chercher des informations dans un prospectus touristique

Organisation : Groupes de 4 élèves.
Matériel : Un guide touristique par groupe.

- Distribuer à chaque groupe un prospectus touristique pris dans un catalogue d'agence de voyage.
- Écrire au tableau les questions suivantes :

– « Ce prospectus concerne quel site touristique ? Dans quelle région ? »
– « Ce site est-il ouvert au mois d'août ? »
– « Quel est le prix d'entrée pour un adulte ? »
– « Quel est le prix d'entrée pour un enfant ? »

- Faire remarquer que le document permet de répondre aux questions, c'est comme l'énoncé d'un problème. Toutefois, il contient de nombreuses informations : une carte, des tarifs, des horaires, des adresses..., pas toutes utiles pour répondre aux questions posées.
- Demander de répondre aux questions.
- La correction est collective.

Activité 2 : Compléter le tableau de la cantine

Organisation : Classe entière.
Matériel : Un tableau à double entrée avec les jours de la semaine et les prénoms des élèves.

- Afficher le tableau à double entrée.

	Élève 1	Élève 2	Élève 3	...
Lundi				
Mardi				
...				

- Compléter avec une croix chaque case du tableau en interrogeant les élèves.

Activité 3 : Exercice 1 du fichier

- Demander aux élèves de lire l'énoncé (le texte et les bulles), puis leur demander de décrire la situation afin de s'assurer que tous ont compris le problème.
- Laisser quelques minutes aux élèves pour compléter le tableau avant de leur proposer de se concerter avec leur voisin immédiat.
- Procéder à une correction collective.
- Répondre aux deux questions :

– Mariem a commandé une salade et du poulet. C'est une lecture en ligne du tableau.
– Trois salades ont été commandées. Cette fois-ci, c'est une lecture en colonne du tableau.

- Conclure que, selon l'information que l'on recherche, un tableau peut donc se lire aussi bien en suivant ses lignes qu'en suivant ses colonnes.

Séance 2

Activités individuelles de mathématisation

Exercices 2 et 3

Les tableaux présentés lors de cette séance sont complétés avec des données non numériques.

2 Pour trouver les caractéristiques de chaque perroquet, il faut lire le tableau ligne par ligne.

3 Grâce aux commentaires de Mehdi et de Saïd, les élèves complètent ce tableau avec des croix. Ils répondent ensuite aux questions :
- Samir, Aïda et Saïd possèdent un chat. C'est une lecture en colonnes du tableau.
- Samir et Aïda ne possèdent qu'un seul animal. C'est une lecture en ligne du tableau.

Séance 3

Exercices 4 et 5

Les tableaux présentés lors de cette séance sont complétés avec des données numériques.

4 C'est une lecture d'un tableau présentant les horaires de départ et d'arrivée de trains.
La première question demande d'interpréter les données de l'énoncé et du tableau. Anissa arrive à 9 h à la gare de Marrakech, le prochain train partira plus tard, c'est-à-dire à 10 h (colonne de départ). Il arrivera à 13 h 33 à Rabat (lecture dans la colonne d'arrivée, sur la même ligne que 10 h).

5 C'est une lecture, essentiellement en colonne, d'un calendrier. Le 14 avril est un mardi car 14 est écrit dans la colonne du mardi.
Il y a 4 dates dans la colonne du vendredi, donc il y a 4 vendredis dans ce mois d'avril.
Enfin, le vendredi suivant le vendredi 10 est le 17 avril (écrit sur la ligne suivante qui indique la semaine suivante).

Séance 4

Évaluation formative

Exercice 6

Cet exercice évalue si l'élève sait compléter un tableau d'après les données d'un énoncé et s'il sait extraire des données pour répondre à des questions ou résoudre un problème.

Séance 5

Consolidation

Remédiation : Exercice 7

Les élèves doivent renseigner un tableau à double entrée en utilisant un dessin comme base de données.

Approfondissement : Exercice 8

Les élèves doivent compléter une table d'addition : les résultats à trouver sont au croisement d'une ligne et d'une colonne. Par exemple, 4 + 5 = 9.

B4 Bilan de l'unité 4

Fichier pp. 50-51

Évaluation sommative

<table>
<tr><th>Énoncés</th><th>Réponses et commentaires</th></tr>
<tr><td>1 Complète.</td><td>5 × 3 = 15   6 × 3 = 18   7 × 3 = 21
4 × 4 = 16   5 × 4 = 20   8 × 4 = 32
Remédiation : Revoir les tables de multiplication en calcul mental.</td></tr>
<tr><td>2 Complète.</td><td>5 × 6 = 30   4 × 6 = 24   8 × 6 = 48
7 × 7 = 49   5 × 7 = 35   6 × 7 = 42
Remédiation : Revoir les tables de multiplication en calcul mental.</td></tr>
<tr><td>3 Calcule.</td><td>7 × 8 = 8 × 7 = 56   7 × 9 = 9 × 7 = 63
6 × 8 = 8 × 6 = 48   6 × 9 = 9 × 6 = 54
Remédiation : Revoir la commutativité de la multiplication grâce aux tableaux rectangulaires.</td></tr>
<tr><td>4 Code le déplacement de la coccinelle jusqu'à la fleur.</td><td><table><tr><td>(E ; 3)</td><td>(D ; 3)</td><td>(D ; 4)</td><td>(D ; 5)</td><td>(C ; 5)</td><td>(B ; 5)</td><td>(B ; 4)</td></tr></table>Remédiation : Utiliser deux pailles, une horizontale l'autre verticale qui permettent de repérer les cases une par une.</td></tr>
<tr><td>5 Coche les cases du tableau.
Combien de jours a-t-il plu dans la semaine ?</td><td><table><tr><th></th><th>Lundi</th><th>Mardi</th><th>Mercredi</th><th>Jeudi</th><th>Vendredi</th><th>Samedi</th><th>Dimanche</th></tr><tr><td></td><td></td><td>×</td><td></td><td></td><td></td><td></td><td></td></tr><tr><td></td><td>×</td><td></td><td></td><td></td><td></td><td></td><td>×</td></tr><tr><td></td><td></td><td></td><td>×</td><td></td><td></td><td>×</td><td></td></tr><tr><td></td><td></td><td></td><td></td><td>×</td><td>×</td><td></td><td></td></tr></table>Combien de jours a-t-il plu dans la semaine ? 2
Remédiation : Suivre avec son doigt les lignes ou les colonnes.</td></tr>
</table>

Consolidation

<table>
<tr><td>1 Complète.</td><td>3 × 4 = 12 → 4 × 4 = 12 + 4 = 16   5 × 4 = 16 + 4 = 20
5 × 7 = 35 → 6 × 7 = 35 + 7 = 42   7 × 7 = 42 + 7 = 49</td></tr>
<tr><td>2 Complète.</td><td>8 × 4 = 32 → 4 × 8 = 32   7 × 5 = 35 → 5 × 7 = 35</td></tr>
<tr><td>3 Problème.
Combien vont-ils payer ?</td><td>28 + 49 = 77
Ils vont payer 77 Dh.</td></tr>
</table>

17 Multiplier par 8, par 9

Fichier p. 52

Programme	**Les nombres de 0 à 999.** Définition et utilisation de la propriété de la multiplication par 8 et 9.
Objectifs de l'apprentissage	– Reconnaître la propriété de la multiplication par 8 et par 9. – Calculer les produits des nombres 8 et 9 et les utiliser.
Remarques préalables	La multiplication par 8 ou par 9 remplace, la plupart du temps, une suite d'additions répétées (8 fois ou 9 fois) d'un même nombre. Plus le nombre de termes de cette addition est important, plus l'écriture multiplicative est économique. Toutefois pour en tirer bénéfice, il faut connaître les résultats des produits par 8 ou par 9. Si les produits par les nombres inférieurs à 8 sont connus et si la propriété de commutativité de la multiplication est correctement utilisée, les nouveaux produits à mémoriser ne sont pas nombreux puisqu'il s'agit de 8 × 8 ; 8 × 9 et 9 × 9. L'enseignant peut donc rassurer ses élèves en leur montrant qu'ils connaissent déjà les produits par 8 ou par 9 de tous les nombres inférieurs à 8. **Difficulté de la leçon** Parvenir à construire puis à mémoriser les produits par 8 et par 9. **Aide** Insister sur la commutativité pour rappeler par exemple que 6 × 8 = 8 × 6.

Calcul mental : Additions de deux nombres de deux chiffres (sommes des unités < 10)

Séance 1 (sur ardoise)
Écrire 23 + 31 ; l'élève écrit 54.

Séance 2 (sur fichier)
➔ *Dire : « 13 + 14 » ; l'élève écrit 27.*
***Items :** « 13 + 14 » ; « 12 + 23 » ; « 21 + 15 » ; « 37 + 20 » ; « 52 + 30 ».*

Séance 1

Activités collectives de construction du concept

Activité 1 : Évolution d'un tableau rectangulaire de 8 colonnes

▪ Tracer un tableau rectangulaire comportant 8 colonnes et 10 lignes sur une feuille format raisin. L'afficher au tableau de la classe. Utiliser une autre feuille pour cacher ce tableau rectangulaire. Dévoiler le nombre de cases de ce tableau de façon progressive, ligne par ligne, en partant du haut :

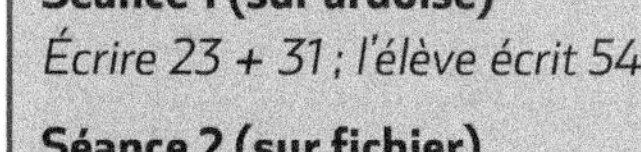

8 + 8 = 2 × 8 = 16

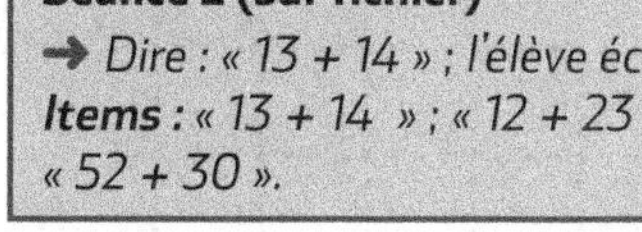

8 + 8 + 8 = 3 × 8 = 16 + 8 = 24

▪ Traduire la suite d'additions répétées par une écriture multiplicative dont le résultat s'obtient en ajoutant 8 au produit précédent. Chaque ligne supplémentaire ajoute un terme égal à 8 au nombre de cases dévoilées et fait apparaître la construction de la table de multiplication par 8.

Activité 2 : Évolution d'un tableau rectangulaire de 9 colonnes

Procéder de la même façon avec un tableau comportant 9 colonnes et 10 lignes pour faire apparaître ligne par ligne les différents produits de la table de multiplication par 9.

Activité 3 : Tables de 8 et de 9. Passer d'un rectangle à l'autre

▪ Reprendre l'activité 1 de la leçon 15 avec les rectangles quadrillés des produits de la table de 8, puis de la table de 9.
▪ Suivre la même méthode que précédemment.

Activité 4 : Exercice 1 du fichier

Dans cet exercice, les élèves retrouvent la construction progressive des produits par 8 (premier tableau) et des produits par 9 (deuxième tableau) qui ont été rencontrés dans les activités collectives. Ces tableaux constituent une trace écrite et un résumé des produits à mémoriser. Souligner que les seuls produits vraiment nouveaux sont les produits 8 × 8 ; 8 × 9 = 9 × 8 et 9 × 9.

Activités individuelles de mathématisation

Exercice 2

Cet exercice prépare la mémorisation des tables de multiplication par 8 et par 9 tout en faisant réviser les autres tables de multiplication car parmi les huit produits à compléter seul le dernier est vraiment nouveau, les autres se retrouvent par commutativité dans les tables de 3, de 4, de 5, de 6 ou de 7.
Il appartient à l'enseignant de prolonger cet exercice en faisant écrire sur l'ardoise d'autres produits des tables de multiplication par 8 ou par 9 en les formulant chaque fois de deux façons. Exemple : Compléter 9 × 4 = 4 × 9 = …

Séance 2

Évaluation formative

Exercices 3 et 4

L'exercice 3 vérifie que les élèves connaissent certains produits par 8 et certains produits par 9.
L'exercice 4 demande aux élèves d'utiliser une multiplication pour modéliser le calcul de la masse des oranges que transporte Anas, le résultat dépend de la connaissance du produit 8 × 9 = 72.

Consolidation

Remédiation : Exercice 5

Cet exercice s'appuie sur le produit par 5, généralement bien connu des élèves, et montre qu'à partir de ce produit il est possible de trouver le produit par 6 ou le produit par 4. L'enseignant peut prolonger l'exercice avec les produits par 7 et par 3...

Approfondissement : Exercice 6

Les élèves doivent trouver quel est le nombre se trouvant à la fois dans la table de multiplication par 8 et dans la table de multiplication par 9. Il s'agit du produit $8 \times 9 = 9 \times 8 = 72$.

Construire la table de 8 de la multiplication

Matériel photocopiable

Construire la table de 9 de la multiplication

Matériel photocopiable

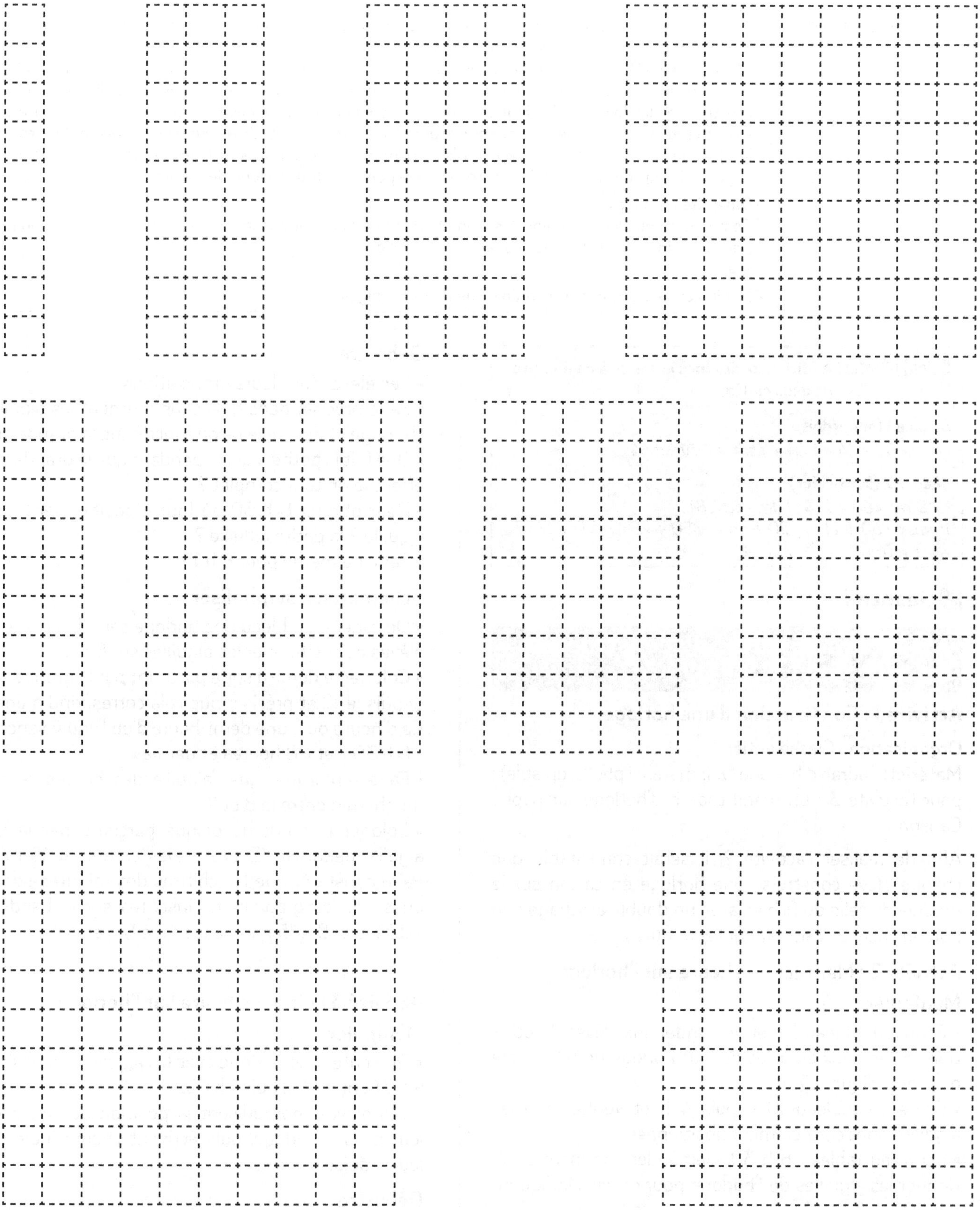

18 Lire l'heure

Fichier p. 53

Programme	**Mesures.** Lecture de la montre à aiguilles et de la montre numérique avec les minutes (15', 30', 45').
Objectifs de l'apprentissage	Lire l'heure sur la montre à aiguilles et sur la montre numérique avec les minutes (15', 30', 45').
Remarques préalables	▪ Les élèves s'approprient progressivement le fonctionnement des horloges à aiguilles ou même des affichages digitaux des horloges électroniques. ▪ La lecture de l'heure est complexe. Premièrement, on abandonne en partie la numération décimale : après 59 min on aura 1 h. Deuxièmement, l'élève doit assimiler la complexité du lien entre aiguilles et graduations : la petite aiguille devant le 3, il faut lire 3 heures alors que la grande devant le 3, il faut lire 15 minutes. ▪ Dans cette leçon, les élèves vont donc s'approprier quelques points de repère simples avec les heures entières, les demi-heures et les quarts d'heure qu'ils vont mettre en rapport avec différents moments de la journée. L'apprentissage de la lecture de l'heure doit être poursuivi tout au long de l'année. **Difficulté de la leçon** Comprendre que les deux aiguilles d'une horloge ne donnent pas la même information. La grande aiguille précise les indications fournies par la petite aiguille. **Aide** Manipuler fréquemment le cadran d'une montre à aiguille.

Calcul mental : Addition de dizaines entières à un nombre de deux chiffres

Séance 1 (sur ardoise)
Dire : « 50 + 14 ». L'élève écrit le résultat 64.

Séance 2 (sur fichier)
→ *Dire : « 60 + 21 » ; l'élève écrit 81.*
***Items :** « 60 + 21 » ; « 20 + 45 » ; « 50 + 28 » ; « 70 + 17 » ; « 40 + 36 ».*

Séance 1

Activités collectives de construction du concept

Activité 1 : Construction d'une horloge

Organisation : Classe entière.
Matériel : Cadran d'horloge (voir matériel photocopiable) ; pour l'activité 3 : un grand cadran d'horloge sur papier Canson.

Afin de réaliser l'activité 2, il serait souhaitable que chaque élève construise une horloge en carton sur le modèle de celle du fichier, avec un double affichage : un pour les heures, l'autre pour les minutes.

Activité 2 : Marquer une heure sur l'horloge

Manipuler

▪ Écrire au tableau 7 h et demander aux élèves de positionner les deux aiguilles de leur horloge de telle sorte qu'elles indiquent 7 h.
▪ Écrire au tableau 10 h puis 4 h et vérifier que les aiguilles sont correctement positionnées.
▪ Écrire au tableau 8 h 30. Demander comment positionner les aiguilles de l'horloge pour qu'elles indiquent 8 h 30.
▪ Écrire au tableau 8 h 15. Demander aux élèves comment positionner les aiguilles de l'horloge pour qu'elles indiquent 8 h 15.

Débattre

▪ Les élèves font leurs propositions.
▪ Faire préciser dans quel sens tournent les aiguilles de l'horloge et de quelle façon fonctionne la grande aiguille. « Que fait la petite aiguille pendant que la grande aiguille effectue un tour complet ?
▪ Pour obtenir 8 h 30 où faut-il positionner la grande aiguille ? la petite aiguille ? »
▪ Faire de même pour 8 h 15.

Schématiser, symboliser

▪ Dessiner au tableau une horloge semblable à celle des élèves et positionner les aiguilles sur 8 h 30.
▪ Colorier le demi-disque parcouru par la grande aiguille depuis le 12 et préciser que cela correspond à une moitié d'heure ou à une demi-heure d'où l'équivalence entre « 8 h 30 » et « 8 heures et demie ».
▪ Faire remarquer que l'aiguille des heures se situe à mi-chemin entre le 8 et 9.
▪ Colorier le quart du disque parcouru par la grande aiguille depuis le 12. Les élèves comptent 15 minutes. Faire constater que les chiffres des minutes sont indiqués par les graduations inscrites sur la bande grise extérieure. 8 h 15 min peut se lire 8 h et quart.

Activité 3 : Lire une heure sur l'horloge

Manipuler

▪ Présenter une horloge avec les aiguilles en position de 9 h 30, puis 11 h, puis 1 h 45.
▪ Les élèves reproduisent la position des aiguilles sur leur propre horloge, puis écrivent l'heure indiquée sur leur ardoise.

Débattre

Corriger les erreurs de position de la petite aiguille et les erreurs de l'ardoise en revenant aux règles exposées lors de l'Activité 2.

Activité 4 : Exercice 1 du fichier

Ce premier exercice reprend les compétences travaillées dans les activités collectives.

Laisser les élèves travailler individuellement pour relier les horloges aux heures correspondantes. Lors de la correction, corriger les erreurs éventuelles avec les élèves en difficulté.

Activités individuelles de mathématisation

Exercice 2

Dans cet exercice, les élèves écrivent les heures correspondant aux montres à aiguilles.

Erreur fréquente chez les élèves : inversion de l'aiguille des heures et de l'aiguille des minutes.

Pour les élèves hésitants, revenir à la manipulation de l'horloge de l'Activité 1 où figurent les minutes.

Séance 2

Évaluation formative

Exercice 3

L'élève est amené à écrire les heures indiquées par quatre horloges. Les minutes figurent sur le cercle bleu.

Consolidation

Remédiation : Exercice 4

Les élèves doivent entourer la bonne proposition. La lecture 3 h 45 est difficile car la petite aiguille est plus proche du 4 que du 3 !

Approfondissement : Exercice 5

Les élèves doivent calculer l'heure, 15 minutes avant 11 heures.

Une erreur commune est que les élèves ajoutent 15 minutes à 11 heures au lieu de les soustraire.

Lire l'heure

Matériel photocopiable

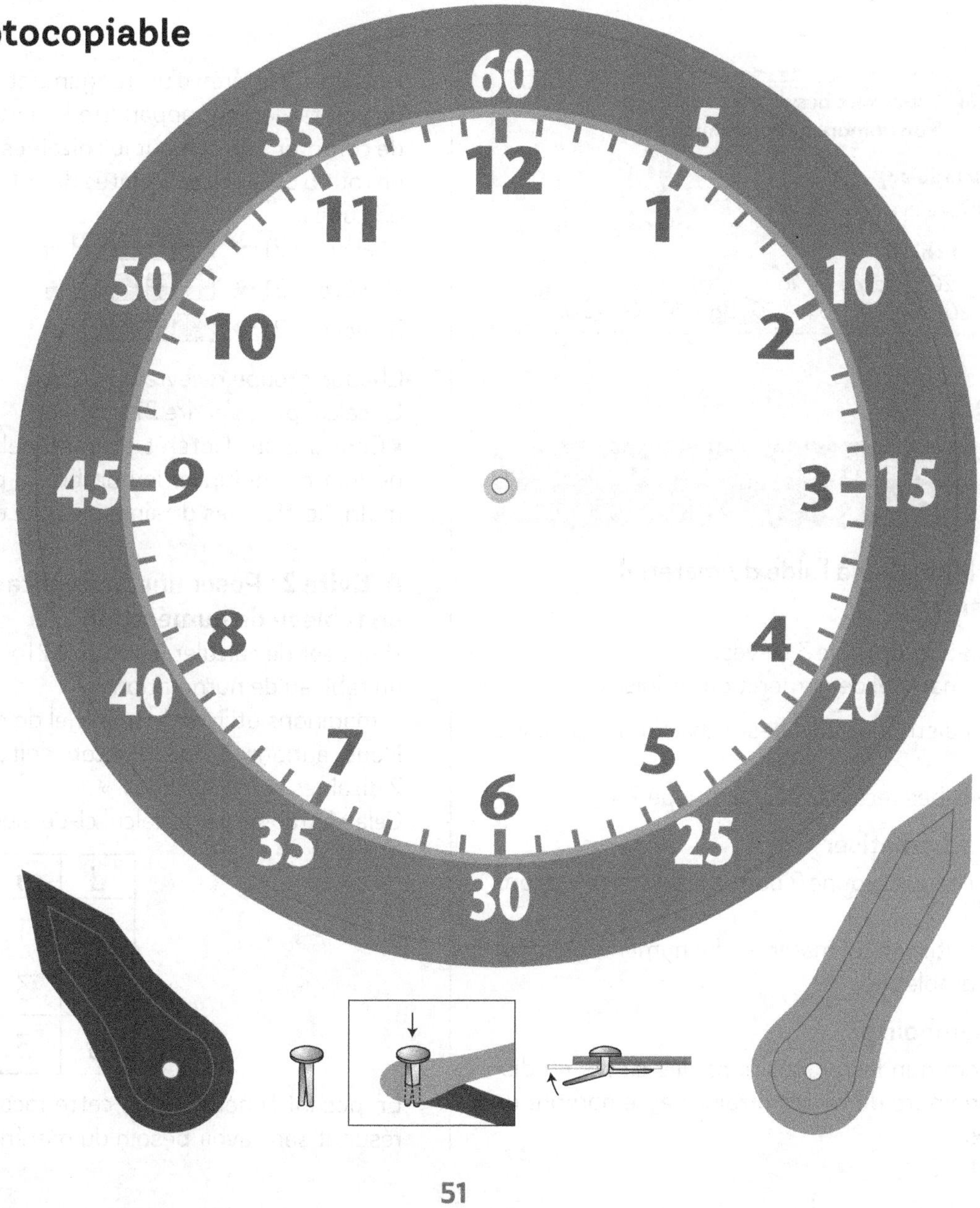

19 Technique usuelle de la multiplication (1)

Fichier p. 54

Programme	**Les nombres de 0 à 999.** Multiplication : technique usuelle sans retenue.
Objectifs de l'apprentissage	Connaître la technique usuelle de la multiplication (sans retenue) dans le domaine des nombres de 0 à 999.
Remarques préalables	La multiplication fait partie avec l'addition, la soustraction et la division des opérations arithmétiques de base. Elles sont la base de l'apprentissage des mathématiques à l'école primaire et constituent donc un objectif fort des programmes. À ce stade de l'année, les élèves ont déjà rencontré et utilisé la multiplication en leçon 11, puis étudié les tables de multiplication jusqu'à 9, étape fondamentale pour découvrir et utiliser la technique de la multiplication posée. Cette leçon est une étape préparatoire à la multiplication posée d'un nombre à deux ou trois chiffres par un nombre à deux chiffres avec retenue. L'objectif est de familiariser l'élève avec une multiplication posée, en gommant les difficultés liées d'une part à l'obstacle de la retenue, qui impose une gestion différente de celle de l'addition, et d'autre part au décalage qui intervient dans le second produit partiel lorsqu'on multiplie par une dizaine. L'absence de retenue impose que les chiffres choisis dans les nombres utilisés comme facteurs des multiplications ne dépassent pas 4. **Difficultés de la leçon** – Comprendre que multiplier un nombre consiste à multiplier ses unités, puis ses dizaines. – Aligner correctement les chiffres des unités et ceux des dizaines. **Aide** Donner accès aux tables de multiplication aux élèves qui ne les maîtrisent pas encore.

Calcul mental : Soustraire des dizaines entières à un nombre de deux chiffres

Séance 1 (sur ardoise)
Écrire 25 – 10 ; l'élève écrit 15.

Séance 2 (sur fichier)
→ *Écrire 36 – 20 ; l'élève écrit 16.*
***Items :** 36 – 20 ; 43 – 20 ; 54 – 30 ; 38 – 10 ; 46 – 20.*

Séance 1

Activités collectives de construction du concept

Activité 1 : Multiplier à l'aide du matériel de numération

Organisation : Groupes de 3 élèves.
Matériel : Le matériel de numération, ardoises.

« Je voudrais distribuer 21 cubes à chacun des 3 élèves d'un groupe.
Combien de cubes recevra chaque groupe ? »

Manipuler, schématiser

Distribuer à chaque groupe 9 barres dizaines et 9 jetons unités.
Demander d'utiliser le matériel de numération pour résoudre ce problème.

Débattre, symboliser

Mettre en commun les propositions des élèves en distinguant le nombre de barres dizaines et le nombre de jetons unités.

▪ Montrer l'intérêt d'un rangement régulier qui permet de voir facilement apparaître la part de chaque élève et de compter séparément les dizaines et les unités : il faut en tout 6 dizaines et 3 unités de cubes, ce qui représente 63 cubes.

1er élève : 21 →
2e élève : 21 →
3e élève : 21 →

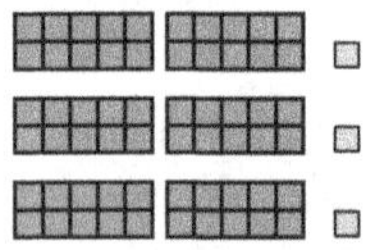

Chaque groupe recevra 63 cubes.
Le calcul peut s'écrire 21 × 3 = 61.

▪ Conclure sur l'intérêt du matériel de numération qui permet de multiplier le nombre 21 par 3 en séparant la multiplication des dizaines de celle des unités.

Activité 2 : Poser une multiplication dans un tableau de numération

Proposer de calculer le produit 21 × 3 en l'écrivant dans un tableau de numération.
« Imaginons utiliser du matériel de numération.
Nous aurions 3 fois 1 jeton soit 3 jetons et 3 fois 2 dizaines soit 6 dizaines. »
Cela se traduit par le calcul ci-dessous.

	d	u
	2	1
×		3
=	6	3

En posant l'opération de cette façon nous obtenons le résultat sans avoir besoin du matériel de numération.

Activité 3 : Exercice 1 du fichier

Il s'agit d'un réinvestissement des activités collectives précédentes.

Aïcha effectue un calcul réfléchi en ligne (les couleurs verte et jaune rappellent les couleurs des dizaines et unités utilisées dans le fichier). Elle calcule le prix de 10 bouteilles puis celui de 4 bouteilles. Elle additionne enfin ces deux résultats pour obtenir le prix total.

Dans le second cas, Yanis a calculé le nombre total de bouteilles : 14. Il effectue le calcul en colonne 14 × 2 pour connaître le prix total. Montrer qu'il effectue le même calcul qu'Aïcha qui a calculé 10 × 2 puis 4 × 2 avant de les additionner.

Les élèves constatent que les deux méthodes aboutissent au même résultat : 28 Dh.

Activités individuelles de mathématisation

Exercices 2 et 3

2 Cet exercice d'entraînement permet de vérifier la maîtrise de la technique de la multiplication posée, en passant progressivement à l'utilisation du papier Seyès.
23 × 3 = 69 41 × 2 = 82

3 L'élève doit poser l'opération sur quadrillage avant de l'effectuer.
On veillera à l'alignement des unités et des dizaines dans les bonnes colonnes.
21 × 4 = 84

Séance 2

Évaluation formative

Exercices 4 et 5

4 Il s'agit d'effectuer une multiplication posée sur quadrillage afin d'évaluer la maîtrise de la technique.
31 × 3 = 93

5 Ce problème est une application de l'utilisation de la multiplication. À l'issue de la leçon, l'élève doit être capable d'en effectuer toute la démarche de résolution, pour arriver à la pose de l'opération sur quadrillage, sa résolution et l'écriture de la réponse. Le choix des nombres permet aux élèves de se concentrer uniquement sur l'algorithme de la multiplication et non sur les tables de multiplication.
12 × 4 = 48

Consolidation

Remédiation : Exercice 6

On commence par les unités : 2 × 2 = 4 unités, le 4 est donc dans la colonne des unités, on continue par les dizaines 4 × 2 = 8 dizaines. Il faut noter 8 dans la colonne des dizaines. 42 × 2 = 84.

Approfondissement : Exercice 7

Pour résoudre cette opération à trous, l'élève doit maîtriser la technique de la multiplication posée et être capable de traduire le problème en deux opérations à trou indépendantes :
... × 3 = 6 ;
... × 3 = 9.

	d	**u**
	3	**2**
×		3
=	9	6

20 Dessiner des frises

Fichier p. 55

Programme	**Géométrie.** Dessiner des frises.
Objectifs de l'apprentissage	Construire des frises à partir d'un motif.
Remarques préalables	Une frise est constituée par un motif simple qui subit une transformation pour former une maille qui est translatée. Il y a 7 types de frises utilisant la translation, la symétrie (axiale, réflexion ou glissée), la symétrie centrale (les figures se superposent par rotation d'un demi-tour autour d'un point du plan qui représente le centre de symétrie). Nous en avons choisi trois qui correspondent au niveau du CE1. **Difficulté de la leçon** Repérer le motif et la maille. **Aide** Construire des frises par collage de motifs prédécoupés de façon à prendre conscience en acte de la transformation qui permet de passer d'un motif à l'autre.

Calcul mental : Multiplier par 6, par 7

Séance 1 (sur ardoise)
Dire : « 3 × 6 » (tables de 6) ; l'élève écrit 18.

Séance 2 (sur fichier)
→ *Dire : « 4 × 6 » ; l'élève écrit 24.*
***Items** : « 4 × 6 » ; « 3 × 7 » ; « 6 × 6 » ; « 7 × 6 » ; « 9 × 6 ».*

Séance 1

Activités collectives de construction du concept

Activité 1

Organisation : Classe entière.
Matériel : Frises (voir matériel photocopiable en fin de leçon).

▪ Les élèves munis de la feuille photocopiée étudient les frises proposées une à une.

1 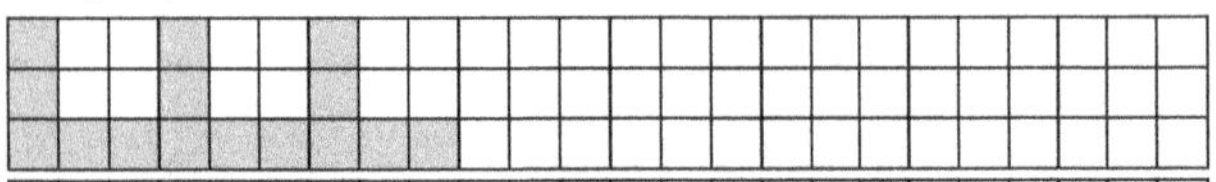

2 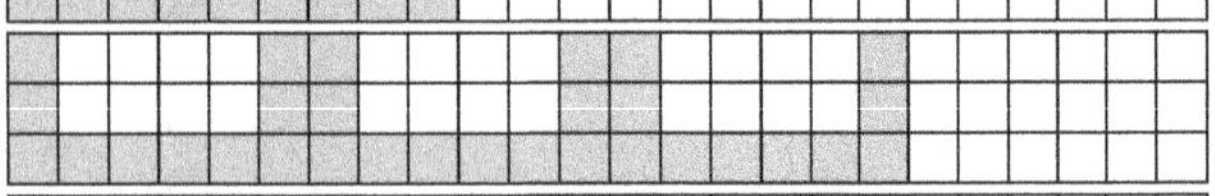

3 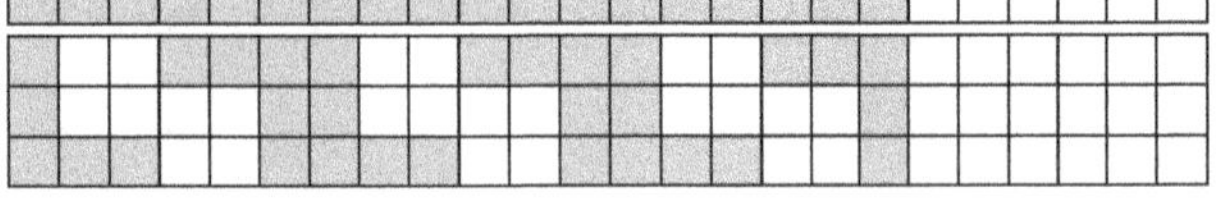

▪ Ils recherchent le motif initial de chaque frise et l'isolent en traçant un trait vertical au crayon gris. Ils recherchent la technique de reproduction du motif et l'expliquent avec leurs mots.
▪ Dans la frise 1, le motif initial est le coloriage contenu dans un carré de 3 carreaux de côté qui subit une translation.
▪ Dans la frise 2, le coloriage initial a subi une transformation par symétrie axiale verticale pour engendrer la maille formée par un rectangle de 6 carreaux de longueur qui subira la translation.
▪ Dans la frise 3, le coloriage initial a subi une rotation d'un demi-tour pour engendrer la maille formée par un rectangle de 6 carreaux qui subira la translation.

▪ Les élèves terminent les frises soit en coloriant, soit en collant les 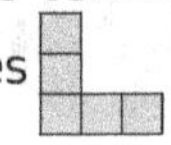 qu'ils auront préalablement découpés.

Activité 2 : Exercice 1 du fichier

Première frise
▪ Faire repérer le motif initial des frises puis leur maille Le quadrillage facilite cette tâche.
▪ Dans la première frise, le motif initial et la maille sont confondus, c'est le coloriage du quadrillage carré de trois carreaux de côté. Ce motif est répété par translation.
▪ Les élèves terminent la frise. Les traits gras verticaux sont une aide pour isoler le motif.

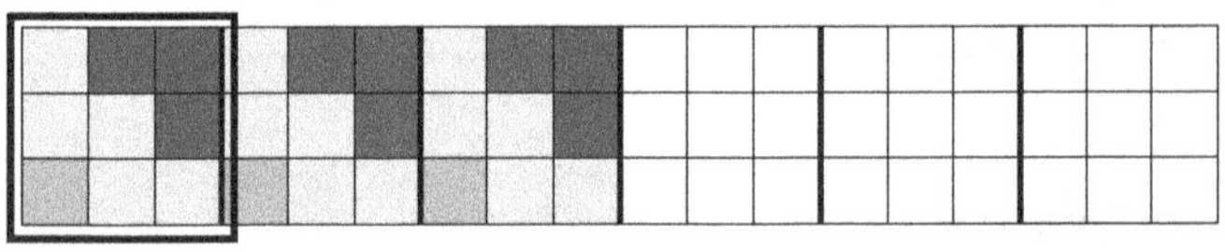

Deuxième frise
▪ Dans cette frise, le motif initial est le coloriage du quadrillage carré de trois carreaux de côté. La maille est formée par le motif et son symétrique. Elle est inscrite dans un rectangle quadrillé de 6 carreaux de longueur. Elle est répétée par translation.
▪ Les élèves terminent la frise. Les traits gras verticaux ont disparu.

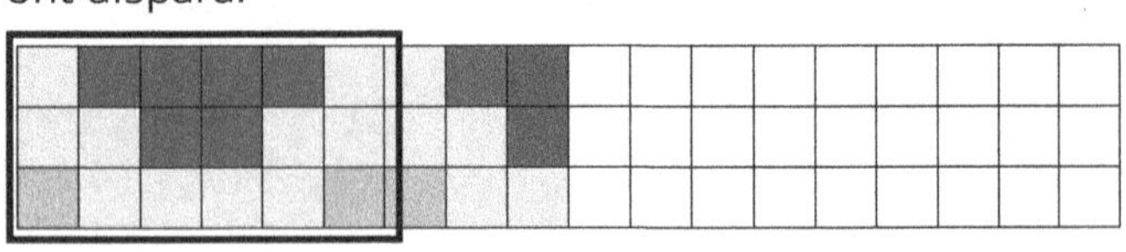

Activités individuelles de mathématisation

Exercice 2

Première frise
Le motif initial de la première frise correspond au coloriage intérieur du rectangle de 4 carreaux de longueur. Les élèves terminent la frise en effectuant la translation de ce motif. C'est la frise la plus simple : la translation du motif initial. Il n'y a pas l'aide des trais gras verticaux.

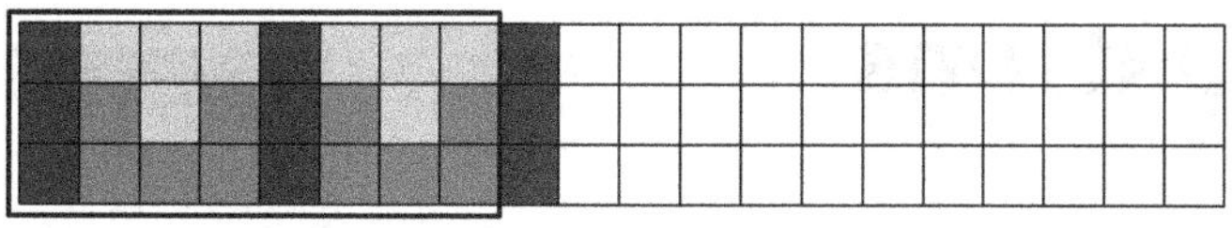

Deuxième frise

Le motif initial de la seconde frise correspond au coloriage intérieur du rectangle de 5 carreaux de longueur. Ce motif subit une transformation d'un demi-tour pour donner la maille, coloriage de l'intérieur du rectangle de 10 carreaux de longueur qui sera translatée. Il n' y a pas l'aide des traits gras verticaux.

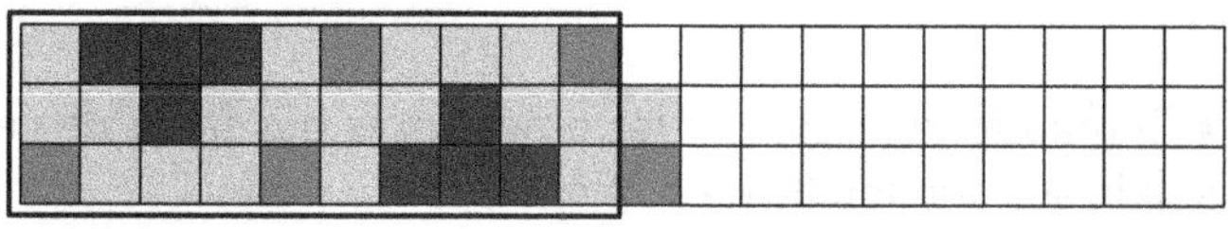

Séance 2

Évaluation formative

Exercice 3

Première frise

Dans la première frise, le motif est inscrit dans un rectangle de 3 carreaux de longueur. Une fois celui-ci repéré, les élèves repèrent la maille qui s'inscrit dans un quadrillage de 6 carreaux de longueur et terminent la frise. Les traits gras verticaux sont présents.

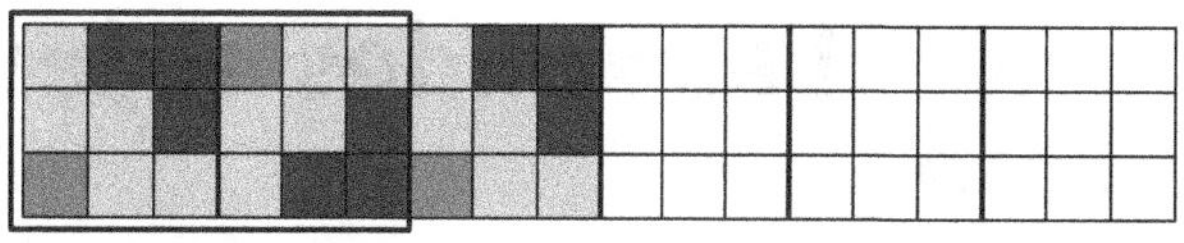

Deuxième frise

Dans la seconde frise, le motif est aussi inscrit dans un rectangle de 3 carreaux de longueur, une fois celui-ci repéré, les élèves repère la maille constituée par le motif et son symétrique et terminent la frise. Les traits gras verticaux sont présents.

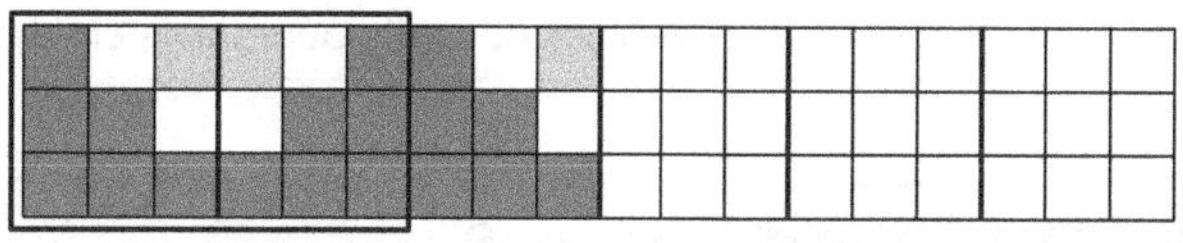

Consolidation

Remédiation : Exercice 4

L'alternance de deux couleurs facilite la construction de la frise par translation.

Approfondissement : Exercice 5

Le motif sur lequel porte la translation est le coloriage initial.

Dessiner des frises

Matériel photocopiable

1

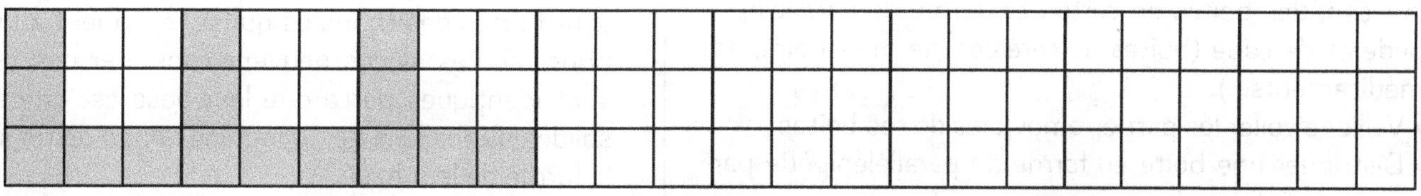

2

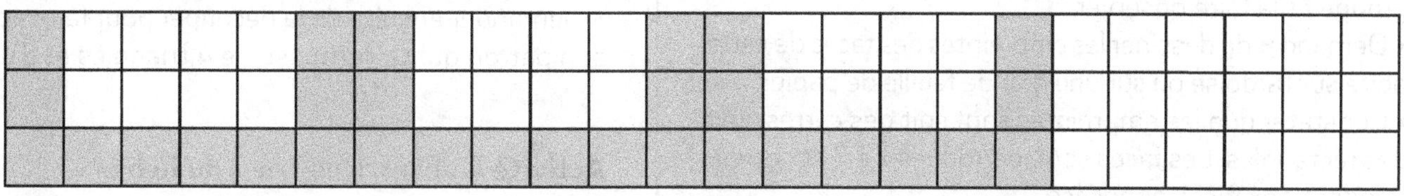

3

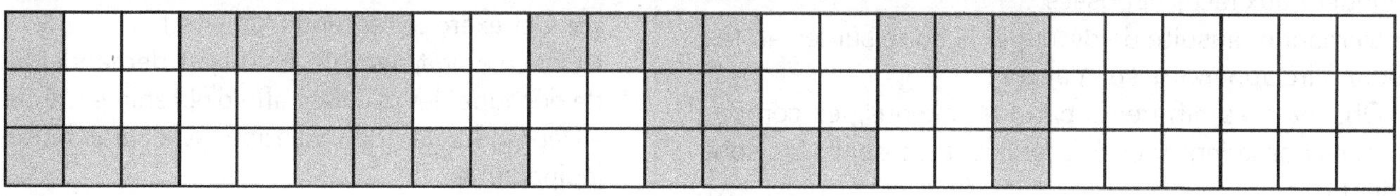

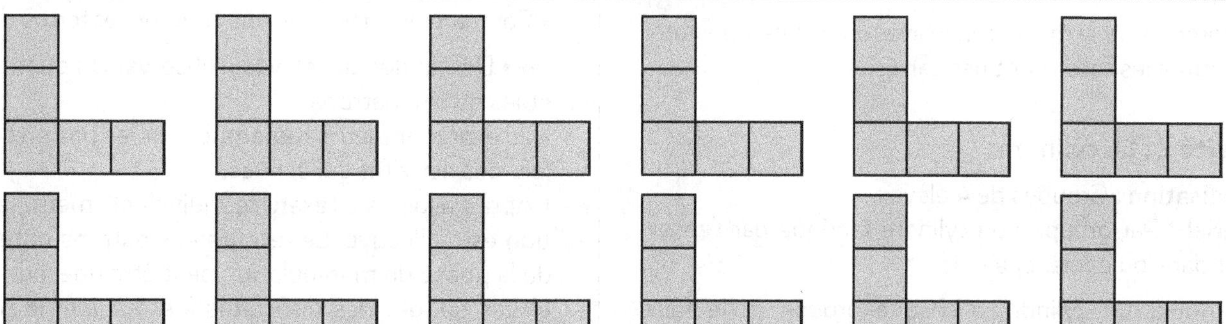

21 Les solides et leurs patrons

Fichier p. 56

Programme	**Géométrie.** Les solides.
Objectifs de l'apprentissage	Reconnaître le cube, le parallélépipède, le cylindre, la pyramide et leurs patrons respectifs.
Remarques préalables	La manipulation de solides réels est indispensable pour l'apprentissage dévolu à cette leçon. Le jeu de Kim et le jeu du portrait sont des outils pédagogiques adaptés pour apprendre à reconnaître des solides et leurs propriétés. Ils peuvent se situer très en amont de la leçon, dans des contextes ludiques sans rapport immédiat avec les objectifs poursuivis en classe de mathématiques. Ils peuvent aussi servir d'introduction à la leçon.

Calcul mental : Multiplier par 8, par 9

Séance 1 (sur ardoise)
Dire : « 3 × 8 » (tables de 8) ; l'élève écrit 24.

Séance 2 (sur fichier)
→ *Dire : « 4 × 8 » ; l'élève écrit 32.*
***Items :** « 4 × 8 » ; « 3 × 9 » ; « 5 × 8 » ; « 7 × 8 » ; « 8 × 9 ».*

Séance 1

Activités collectives de construction du concept

Activité 1 : Parallélépipède rectangle et cube

Organisation : Groupes de 4 élèves.
Matériel : Par groupe : des boîtes en carton en forme de parallélépipède et de cube.

- Demander aux élèves d'apporter quelques jours avant la leçon, des boîtes en carton en forme de parallélépipède et de cube (boîtes de céréales, de mouchoirs, de médicaments...).
- Veiller à coller les parties amovibles de ces boîtes.
- Distribuer une boîte en forme de parallélépipède par groupe et la faire observer.
- Demander de dessiner les empreintes des faces de cette boîte sur l'ardoise ou sur une grande feuille de papier.
- Constater que les empreintes sont soit des carrés, soit des rectangles. Les faces sont identiques 2 à 2 et correspondent aux faces opposées.
- Demander ensuite de découper la boîte sur les arêtes pour faire apparaître son patron.
- Observer les différents patrons obtenus, les comparer : ils possèdent tous 6 faces, les faces opposées sont identiques.
- Recommencer la manipulation avec des cubes. Constater que toutes les faces sont des carrés.

Activité 2 : Le cylindre

Organisation : Groupes de 4 élèves.
Matériel : Par groupe : un cylindre fabriqué par l'enseignant dans du papier épais.

- Distribuer un cylindre à chaque groupe et le faire observer.
- Demander de dessiner les empreintes des faces de ce solide sur une feuille de papier.
- Constater que seuls les disques laissent des empreintes (2 disques identiques).
- Demander ensuite de le découper pour faire apparaître son patron qui se compose de deux disques et d'un rectangle.

Activité 3 : La pyramide

Organisation : Groupes de 4 élèves.
Matériel : Par groupe : une pyramide à base carrée fabriquée par l'enseignant dans du papier épais.

- Distribuer une pyramide à chaque groupe et la faire observer.
- Demander de dessiner les empreintes des faces de ce solide sur une feuille de papier.
- Constater que mis à part la base, les autres faces laissent des empreintes de forme triangulaire. Ces faces sont toutes des triangles qui se rejoignent au sommet principal. Les élèves peuvent constater que ces faces sont identiques parce que leur base est un carré. Ces solides s'appellent des pyramides et se distinguent par la forme de leur base.
- Demander ensuite de le découper pour faire apparaître son patron qui se compose de 4 triangles et d'un carré.

Activité 4 : Exercices 1 et 2 du fichier

1 Cet exercice reprend l'Activité 1.
- Observer le travail de Mathix et demander aux élèves de découper leurs cubes afin d'obtenir le même patron.
- Reprendre la manipulation avec une boîte parallélépipédique.
- Comparer les deux patrons : nombre et forme des faces.

2 • Demander aux élèves d'observer les quatre solides et les quatre patrons.
- Ils expriment leurs remarques sur les patrons obtenus lors des activités collectives.
- Après avoir fait l'exercice individuellement, la correction est collective. Le recours aux patrons obtenus lors de la phase de manipulation peut être une aide pour les élèves qui ont des difficultés à s'imaginer le travail en trois dimensions.

Activités individuelles de mathématisation

Exercices 3 et 4

3 C'est un exercice de reconnaissance visuelle des solides. Les élèves doivent colorier les quatre solides étudiés dans cette leçon suivant un code couleur imposé et différent de celui utilisé dans l'exercice 2. Ils doivent donc reconnaître ces solides en fonction de leurs caractéristiques géométriques et connaître leur nom.

4 Les élèves doivent repérer les faces opposées d'un cube sur son patron. Un squelette de cube rouge est dessiné afin de faciliter le travail. Toutefois, ne pas hésiter à proposer un patron de cube afin de visualiser les faces opposées.

Séance 2

Évaluation formative

Exercice 5

Cet exercice traite les mêmes notions que l'exercice 2 : les élèves doivent associer solides et patrons.

Consolidation

Remédiation : Exercice 6

En soutien, les élèves doivent compléter des phrases relatives aux propriétés d'un cube et d'un parallélépipède.

Approfondissement : Exercice 7

Les élèves doivent ici trouver les 2 patrons de cubes. Même s'ils ne connaissent pas l'ensemble des patrons, ici seul compte le nombre de faces (6). La dernière figure doit donc être barrée.

22 Mesurer une capacité en L et cL

Fichier p. 57

Programme	**Mesures.** Définition de deux unités de mesure de la capacité : cL, L.
Objectifs de l'apprentissage	- Définir le litre comme unité de mesure de capacité. - Reconnaître les unités de mesure de capacité (cL, L) et les utiliser.
Remarques préalables	Cette leçon ne peut faire l'économie de manipulations réalisées concrètement par les élèves pour s'approprier la notion de capacité. Noter que le symbole du litre est L et non l.

Calcul mental : Différences de dizaines entières

Séance 1 (sur ardoise)
Écrire 170 – 20 = ... (sans franchir la centaine) ; l'élève écrit 150.

Séance 2 (sur fichier)
➜ *Écrire 130 – 40 = ... (franchir la centaine) ; l'élève écrit 90.*
***Items :** 130 – 40 ; 150 – 30 ; 160 – 50 ; 120 – 30 ; 140 – 50.*

Séance 1

Activités collectives de construction du concept

Activité 1 : Comparaison directe de deux contenances
Organisation : Quatre ou cinq groupes.
Matériel : Par groupe, deux récipients de formes différentes mais de contenance voisine.

- Regrouper les élèves afin de former quatre ou cinq groupes. Chaque groupe dispose de deux récipients de formes différentes mais de contenance voisine.
- Demander : « Quel récipient a la plus grande contenance ? »

Les élèves émettent leurs hypothèses et les vérifient en effectuant un transvasement (d'eau ou de sable).

Activité 2 : Jouer avec des contenances et convertir
Organisation : Classe entière.
Matériel : 1 bouteille de 50 cL et 1 bouteille d'un litre par élève.

- Deux élèves, munis de bouteilles de 50 cL doivent déterminer, par transvasement, le nombre de bouteilles qu'il faut pour remplir une bouteille de 1 L. Il faut deux bouteilles de 50 cL pour remplir une bouteille de 1 L.
- Écrire au tableau l'égalité que les élèves devront retenir : 1 L = 50 cL + 50 cL = 100 cL.
- Justifier ainsi le nom de « centilitre » et faire le rapprochement avec « centimètre ».

Activité 3 : Exercice 1 du fichier
- Cet exercice reprend l'Activité 2.

Les élèves utilisent les résultats des manipulations précédentes pour répondre aux questions. Il s'agit de convertir en litre (L) des contenances exprimées en centilitre (cL).
Les manipulations auront été un moyen utile pour justifier ces conversions.
- Le contenu des deux gourdes de Yanis peut être versé exactement dans une bouteille de 1 L. Donc 2 × 50 cL = 100 cL = 1 L.

Activités individuelles de mathématisation

Exercices 2 et 3

2 Cet exercice montre que pour ajouter des contenances, il faut les convertir dans la même unité. Il est nécessaire de procéder par étapes.

3 Pour connaître la quantité de cocktail préparé, on doit additionner des contenances et pour cela les convertir dans la même unité. Il faut donc connaître les relations entre les différentes unités.
Lounès mélange 1 L 50 cL de jus de fruits avec 50 cL de limonade. Donc 1 L 50 cL + 50 cL = 150 cL + 50 cL = 200 cL soit 2 L.

Séance 2

Évaluation formative

Exercices 4 et 5

4 C'est un exercice de conversion. Les contenances à convertir s'expriment en litres et en centilitres.

5 Pour résoudre ce problème, les élèves doivent additionner des centilitres puis les convertir en litre.
40 cL + 60 cL = 100 cL = 1 L

Consolidation

Remédiation : Exercice 6
En soutien, les élèves doivent compléter des conversions conduites pas à pas.

Approfondissement : Exercice 7
Les élèves doivent trouver les 2 capacités inférieures à 1 litre : 90 cL et 40 cL.

23 Technique usuelle de la multiplication (2)

Fichier p. 58

Programme	**Les nombres de 0 à 999.** Multiplication : technique usuelle avec retenue.
Objectifs de l'apprentissage	Connaître la technique de la multiplication (avec retenue) dans le domaine des nombres de 0 à 999.
Remarques préalables	• Les élèves vont apprendre la méthode usuelle de la multiplication posée avec retenue. Le mécanisme de la retenue dans la multiplication demande une attention particulière car il est différent de celui de l'addition : on ajoute la retenue au produit des dizaines (ou des centaines) et non au chiffre des dizaines (ou des centaines). D'ailleurs, pour éviter toute confusion avec les retenues de l'addition, nous conseillons d'écrire les retenues de la multiplication au niveau du résultat, placées dans un cercle rouge pour bien les différencier des autres nombres. Par la suite, suivant le degré d'expertise des élèves, cette symbolique pourra être simplifiée. • La première ligne de produit partiel, dans laquelle on multiplie le premier facteur par le chiffre des unités du deuxième facteur, est l'application directe de la technique apprise lors de la leçon 19. • La seconde ligne du produit partiel correspond à un produit du premier facteur par un multiple de 10. Par exemple, pour multiplier par 20, on multiplie par 2 puis par 10. Ici, nous allons commencer par écrire le zéro des dizaines avant d'effectuer le produit par le chiffre des dizaines afin de ne pas l'oublier, cette permutation étant justifiée par la commutativité de la multiplication. Lorsque la présence du zéro à droite du second produit partiel a été justifiée, il ne reste plus qu'à réinvestir la technique de la leçon 19 et à effectuer la somme des deux produits partiels. • Cet algorithme doit être automatisé et appliqué avec assurance par tous les élèves. **Difficultés de la leçon** Répertoire multiplicatif non maîtrisé. **Aide** Consulter les tables de multiplication pour résoudre l'algorithme plus facilement (plat III du fichier).

Calcul mental : Tables de multiplication

Séance 1 (sur ardoise) :
Dire un produit dont un terme est inférieur ou égal à 5 ; l'élève écrit le résultat.

Séance 2 (sur fichier) :
→ *Dire : « 8 × 4 » (un des termes ⩽ 5) ; l'élève écrit 32.*
***Items :** « 8 × 4 » ; « 5 × 6 » ; « 3 × 7 » ; « 9 × 2 » ; « 7 × 4 ».*

Séance 1

Activités collectives de construction du concept

Activité 1 : Multiplier par un nombre d'un chiffre

• Au tableau, écrire en colonnes la multiplication :
43 × 5 = …

• Demander à un élève de venir au tableau, pour effectuer cette opération sous la conduite du maître et le contrôle du groupe classe :
– On commence par les unités : 3 × 5 = 15.
– On écrit 5 dans la colonne des unités sous le trait horizontal et on retient ①.
– On continue avec les dizaines : 4 × 5 = 20.
On ajoute la retenue : 20 + ① = 21.
– On écrit 1 dans la colonne des dizaines et 2 dans la colonne des centaines.
– On lit le résultat de la multiplication : 215. »

Activité 2 : Multiplier par un nombre de deux chiffres

• Poser au tableau l'opération : 34 × 23.

• Demander à un élève de venir au tableau, pour effectuer cette opération sous la conduite du maître et le contrôle du groupe classe : utiliser la distributivité de la multiplication par rapport à l'addition comme 23 = 20 + 3 pour calculer 34 × 23, il faut multiplier successivement 34 par 3, puis par 20. En cas de besoin, cette propriété peut être rappelée en faisant appel à une disposition rectangulaire du produit :

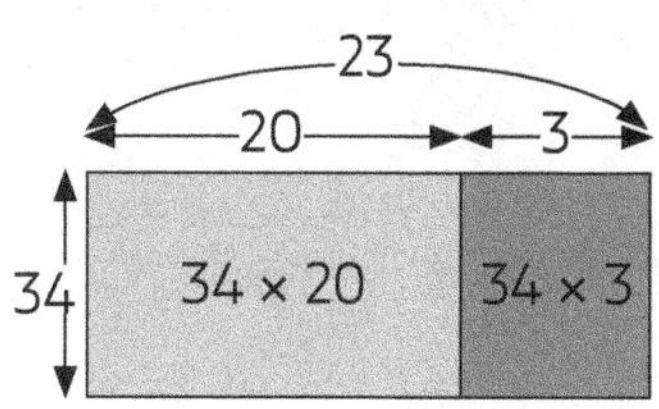

– On commence par multiplier 34 par 3 : 34 × 3 = 102 (en utilisant la technique apprise dans l'Activité 1).
– On multiplie ensuite 34 par 20. Multiplier par 20, c'est multiplier par 10 puis par 2.
On multiplie d'abord par 10 : c'est pour cette raison qu'on écrit un 0 (en rouge) à la fin du nombre ; on multiplie ensuite 34 par 2.
34 × 20 = 680.

• On termine l'opération en additionnant les produits partiels : 102 + 680 = 782.

Activité 3 : Exercice 1 du fichier

- Les élèves découvrent que Yanis et Sara ont calculé des multiplications semblables à celles des Activités 1 et 2.
- Lire et suivre pas à pas la technique décrite dans les bulles des enfants afin de les mettre en application sur leur fichier.
- Poser les opérations au tableau. Deux élèves les effectuent. La classe valide le résultat.
- Faire remarquer que lors d'une multiplication d'un nombre de trois chiffres par un nombre d'un chiffre, il peut y avoir deux retenues, l'une sur les dizaines et l'autre sur les centaines.
- Proposer de barrer les retenues quand elles sont utilisées pour éviter les erreurs.

123 × 4 = 492 et 37 × 25 = 925

Activités individuelles de mathématisation

Exercices 2 et 3

2 Cet exercice vérifie la maîtrise du calcul de la multiplication posée. Les opérations sont déjà posées et la place des retenues indiquée. Les élèves n'ont plus qu'à les effectuer. Être surtout attentif à la bonne prise en compte de la retenue.
365 × 2 = 730 et 53 × 14 = 742

3 Les élèves doivent poser la multiplication en colonnes. Ils décomposent le produit en deux produits partiels.
Souligner que la disposition d'un chiffre par carreau facilite le calcul de l'addition.
27 × 32 = 864

Séance 2

Évaluation formative

Exercices 4 et 5

4 Comme dans l'exercice 2, cette opération, déjà posée avec la place des retenues indiquée, évalue si l'élève maîtrise la technique usuelle du calcul de la multiplication posée.
36 × 23 = 828

5 Situation multiplicative qui se résout en appliquant la technique apprise de la multiplication posée.
L'élève doit calculer 5 × 197. Il utilise la commutativité de la multiplication pour poser et calculer 197 × 5.
Le nombre à multiplier est un nombre de trois chiffres.
Elle a parcouru 5 × 197 m = 985 m.

Consolidation

Remédiation : Exercice 6

Pour automatiser cet algorithme, faire poser aux élèves de nombreuses multiplications qui mobilisent des tables connues (2, 3, 4 et 5).
Si besoin, proposer aux élèves les plus en difficulté de se référer aux tables de multiplication fournies en fin de fichier.

Approfondissement : Exercice 7

Les élèves posent et effectuent des multiplications mobilisant les tables plus difficiles de 6, 7, 8 et 9.

24 Tracer une droite, un segment, un triangle

Fichier p. 59

Programme	**Géométrie.** Construction de figures géométriques : la droite, le segment de droite et le triangle.
Objectifs de l'apprentissage	- Tracer une droite, un segment. - Construire un triangle.
Remarques préalables	Dans cette leçon, les élèves prennent conscience que, pour tracer un triangle il faut d'abord connaître ses propriétés : nombre de côtés, nombre de sommets. Il en est de même pour différencier droites et segments de droite. Le segment est un objet géométrique fini, délimité par ses deux extrémités. La droite est un objet géométrique infini, que l'on peut donc prolonger indéfiniment d'un côté ou de l'autre. L'élève doit se construire l'image mentale d'une droite qui peut dépasser les limites du cadre coloré de l'exercice, ou de la page du fichier. En début d'année, les élèves ont tracé des triangles sur quadrillage. Dans cette leçon, ils vont pouvoir les tracer à partir de points supports des sommets.

Calcul mental : Tables d'additions

Séance 1 (sur ardoise)
Dire : « 5 + 6 » ; l'élève écrit 11.

Séance 2 (sur fichier)
➜ *Dire : « 8 + 7 » ; l'élève écrit 15.*
***Items :** « 8 + 7 » ; « 9 + 8 » ; « 8 + 8 » ; « 9 + 6 » ; « 7 + 6 ».*

Séance 1

Activités collectives de construction du concept

Activité 1 : Tracer un segment, une droite
Organisation : Classe entière.

- Demander aux élèves de marquer deux points suffisamment écartés sur leur cahier d'exercices et de tracer le segment reliant ces deux points.
- Ne pas imposer le sens du tracé : si les droitiers tracent les segments en allant du point gauche au point droit, les gauchers iront majoritairement du point droit au point gauche.
- Observer les méthodes et les résultats obtenus par les élèves ; analyser les difficultés rencontrées et proposer des techniques pour les surmonter. Pour faciliter le tracé des segments verticaux et obliques, faire tourner le support pour transformer ces segments en segments horizontaux.
- Montrer au tableau comment décomposer les étapes du tracé d'un segment :

- Tracer deux points.
- Placer la craie sur l'un des deux points.
- Placer la règle contre la craie et la faire tourner jusqu'à sa rencontre avec le second point ; elle ne doit pas le recouvrir, on doit laisser un espace entre la règle et le point (ici l'épaisseur de la craie).
- Positionner correctement les doigts sur la règle pour l'immobiliser sans gêner le tracé.
- Effectuer le tracé.

- Faire remarquer que le tracé du segment est limité par ses deux extrémités.
- Placer deux nouveaux points au tableau et tracer la « droite » qui passe par ces deux points. Demander si la droite que l'on peut voir est tracée en totalité.
- Faire venir un élève au tableau pour prolonger la droite, réitérer la question, et faire venir de nouveaux élèves pour la prolonger à chaque fois.
- La réponse à la question sera toujours « non ».

On peut s'amuser à prolonger la droite en dehors du tableau (sur le mur) pour montrer que la droite est infinie et qu'on n'arrivera jamais à la tracer en totalité.

- Demander aux élèves de placer deux nouveaux points suffisamment écartés sur leur cahier d'exercices et de tracer la droite passant par ces deux points.
- Répéter l'activité avec de nouveaux points

Activité 2 : Tracer un triangle

- Demander de marquer trois points suffisamment écartés sur le cahier d'exercices et de tracer toutes les droites qui passent par deux de ces trois points.
- Les élèves tracent les trois droites possibles.
- Faire refaire l'activité au tableau à un élève en demandant maintenant de tracer tous les segments possibles qui utilisent les trois points.

L'élève trace trois segments.

- Demander quelle est la figure délimitée par les trois segments. Les élèves reconnaissent un triangle.
- Demander combien il faut de points pour tracer un triangle : on appelle ces trois points les sommets.
- Demander combien il faut tracer de segments pour obtenir un triangle : on appelle ces trois segments les côtés du triangle.

Activité 3 : Exercice 1 du fichier

Après les activités 1 et 2, cet exercice ne devrait pas poser de problème.

Préciser que les figures doivent être tracées en utilisant les droites-support en pointillés.

Faire prolonger la droite rouge en dehors du cadre bleu de l'exercice.

Il existe plusieurs possibilités pour tracer un triangle bleu, un triangle est déjà tracé en pointillés, mais en prolongeant certaines droites d'autres triangles peuvent apparaître.

Activités individuelles de mathématisation

Exercices 2 et 3

2 Ici on s'appuie sur des points et plus sur des droites dont le tracé est déjà prédéfini par des pointillés.

De nombreux triangles et de nombreuses droites pourront être proposés.

3 Dans cet exercice, l'élève devra trouver les 6 combinaisons de points permettant de tracer les 6 segments différents (côtés et diagonales du rectangle).

Séance 2

Évaluation formative

Exercice 4

Cet exercice vérifie que l'élève est capable de faire la différence entre un segment et une droite.

S'assurer également que l'élève a bien assimilé les propriétés du triangle et qu'il ne va pas tracer un carré sous prétexte qu'on lui propose quatre points (contrat didactique).

Consolidation

Remédiation : Exercice 5

Elle porte sur la différenciation entre segment et droite.

Approfondissement : Exercice 6

Les élèves les plus avancés peuvent découvrir que par un point il est possible de faire passer de nombreuses droites (une infinité en théorie).

Cet exercice de recherche permettra aussi de fixer la propriété géométrique qui affirme que par deux points passe une seule droite, et qu'à l'inverse deux points sont nécessaires pour définir une droite. Un seul ne suffit pas.

B5 Bilan de l'unité 5

Fichier pp. 60-61

Évaluation sommative

Énoncés	Réponses et commentaires
1 Calcule.	c d u 1 2 4 × 6 7 4 4 ② ① 3 5 × 2 4 1 4 0 ② + 7 0 0 ① = 8 4 0 **Remédiation :** Revoir journalièrement, en calcul mental, les tables de multiplication. Revoir la technique de la multiplication posée.
2 Pose et calcule.	2 6 × 3 4 1 0 4 ② + 7 8 0 ① = 8 8 4 **Remédiation :** S'assurer que les tables de multiplication sont connues. Revoir la technique de la multiplication posée. Noter c, d et u lorsque l'on pose l'opération.
3 Trace un triangle en vert et une droite en bleu.	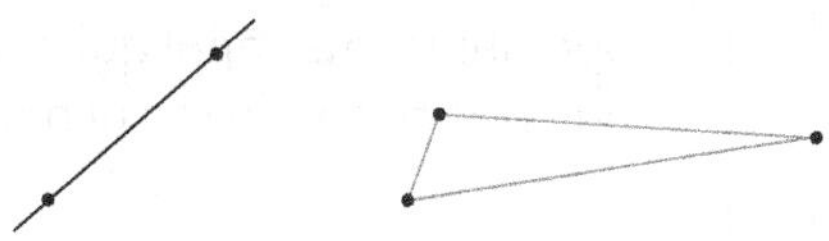 **Remédiation :** Tracer un triangle et une ligne droite : ne pas se contenter de la reconnaissance intuitive mais demander les propriétés de chacune des figures.
4 Complète.	*Cette figure est le patron d'une pyramide à base carrée.* *La base est carrée, les autres faces sont des triangles.* **Remédiation :** Revoir les noms des solides et figures géométriques.
5 Écris les heures du matin.	**5 *h* 15**  | **4 *h* 30**  | **4 *h* 45**  **Remédiation :** Reprendre la lecture de l'heure avec une vraie horloge.
6 Complète. **Coche** la bouteille qui a la plus grande capacité.	1 L = **100** cL 1 L 30 cL = **130** cL ☐ bouteille de 1 L ☐ bouteille de 75 cL ☒ bouteille de 1 L 50 cL **Remédiation :** S'assurer que les symboles L et cL ainsi que leurs relations sont connus. 1 L = 100 cL > 75 cL

Consolidation

1 Calcule.	2 6 × 3 4 26 × 4 → 1 0 4 ② 26 × 30 → + 7 8 0 ① 26 × 34 → = 8 8 4
2 Utilise ces points pour tracer un segment bleu et une droite verte.	
3 De quel solide, la figure noire est-elle le patron ?	*C'est le patron d'un cube.*

25 Les opérations posées

Fichier p. 62

Programme	**Les nombres de 0 à 999.** Addition, soustraction et multiplication avec et sans retenue dans le domaine des nombres de 0 à 999.
Objectifs de l'apprentissage	Addition, soustraction et multiplication avec et sans retenue dans le domaine des nombres de 0 à 999.
Remarques préalables	Les opérations posées s'appuient sur un tableau de numération implicite qui permet de travailler séparément sur les unités, les dizaines... le calcul sur les colonnes de chiffres remplace le calcul sur les nombres pris dans leur globalité, support du calcul mental et du calcul en ligne. Le résultat d'une opération posée en colonnes se lit à la fin du calcul, car en cours de calcul on n'a aucune idée de ce que l'on va obtenir. Ce type de calcul nécessite toutefois une bonne connaissance des « tables » sans laquelle aucune opération ne peut être réussie. Le principe des retenues diffère d'une opération à l'autre mais dans chaque cas il est justifié par des propriétés des opérations et de la numération. L'avantage de ces algorithmes est qu'ils se généralisent à des calculs avec de grands nombres ou, pour les sommes, à un grand nombre de termes. Cette leçon est une synthèse des leçons 7 (addition posée sans ou avec retenue), 8 (soustraction posée sans retenue), 10 (soustraction posée avec retenue), 19 (multiplier par un nombre d'un chiffre) et 23 (multiplier par un nombre de deux chiffres). **Difficultés de la leçon et Aide** Se reporter aux leçons 7, 8, 10, 19 et 23 de ce guide.

Calcul mental : Tables de multiplication
Séance 1 (sur ardoise)
Dire : « 5 × 6 » ; l'élève écrit 30.
Séance 2 (sur fichier)
→ Dire : « 9 × 3 » ; l'élève écrit 27.
***Items :** « 9 × 3 » ; « 6 × 3 » ; « 8 × 4 » ; « 7 × 3 » ; « 6 × 4 ».*

Séance 1

Activités collectives de construction du concept

Activité 1 : Sommes, différences et produits

Organisation : Classe partagée en 4 groupes.
Matériel : Une feuille partagée en trois parties (une réservée aux sommes, une aux différences, une aux produits).

Prévoir dix petites sommes (nombres inférieurs à 10), dix petites différences (nombres inférieurs à 10), dix produits (tables de 2 à 9).
Procéder comme pour une séance de calcul mental. Un rapporteur par groupe est désigné pour écrire les réponses sur une feuille partagée en 3 parties.
Correction : permuter les feuilles réponses entre les groupes. L'équipe gagnante est celle qui a fait le moins d'erreur.

Activité 2 : Exercice 1 du fichier

L'élève doit poser puis effectuer trois opérations avec retenues.
Observer comment procèdent les élèves afin de proposer une remédiation personnalisée.
Après chaque opération, procéder à sa correction collective au tableau : Sara : 527 – 256 = 271 ; Yanis : 257 + 93 + 109 = 459 ; Aïcha : 58 × 13 = 754

Les erreurs possibles sont de trois types : technique opératoire mal appliquée, mauvaise gestion des retenues ou erreur de calcul par méconnaissance des tables.

Activités individuelles de mathématisation

Exercice 2

Laisser l'élève poser et effectuer seul les 3 opérations. La correction est collective.
906 – 89 = 817 ; 47 + 320 + 40 = 407 ; 24 × 36 = 864

Séance 2

Évaluation formative

Exercice 3

L'élève doit poser puis effectuer trois opérations avec retenues.
608 – 81 = 527 ; 297 + 405 + 91 = 793 ; 35 × 26 = 910

Consolidation

Remédiation : Exercice 4

L'élève doit poser puis effectuer trois opérations sur son cahier d'exercices.
124 + 372 + 95 = 591 ; 143 - 92 = 51 ; 38 × 23 = 874

Approfondissement : Exercice 5

Les opérations sont plus délicates car les nombres possèdent des zéros intercalés.
108 + 529 = 637 ; 208 – 99 = 109 ; 109 × 9 = 981

26 Mesure de durées

Fichier p. 63

Programme	**Mesures.** Estimation et mesure du temps : le jour, la semaine et le mois.
Objectifs de l'apprentissage	Estimer et déterminer des périodes de temps en utilisant les unités de minute, heure, jour, semaine et mois.
Remarques préalables	Les problèmes en relation avec la mesure du temps sont souvent difficiles à résoudre par les élèves du CE1. **Difficulté de la leçon** Calculer une durée. **Aide** Avec les élèves de CE1, ce calcul ne peut se faire qu'avec l'aide du cadran d'une horloge ou avec un schéma linéaire.

Calcul mental : Tables de multiplication

Séance 1 (sur ardoise)
Dire : « 7 × 7 » (carrés des nombres ⩾ 5) ; l'élève écrit 49.

Séance 2 (sur fichier)
→ *Dire : « 7 × 6 » (produits des nombres ⩾ 5) ; l'élève écrit 42.*
***Items :** « 7 × 6 » ; « 9 × 6 » ; « 8 × 5 » ; « 7 × 9 » ; « 6 × 8 ».*

Séance 1

Activités collectives de construction du concept

Activité 1 : Calculer une durée

Organisation : Classe entière.
Matériel : Horloge de la classe et horloges individuelles.

▪ Écrire l'énoncé au tableau : La montre de Karim indique 7 h 15 min. Le bus part à 7 h 30 min.
Les élèves lisent l'énoncé, puis répondent aux questions orales suivantes : Karim est-il en retard ou en avance pour prendre le bus ? Doit-il attendre 10 min ? Doit-il attendre 1 h ? Plus d'une heure ? Moins d'une heure ? Ils justifient leurs réponses.
▪ Écrire la question du problème : Combien de temps Karim doit-il attendre le bus ?
▪ Afficher le cadran d'une horloge au tableau. Un élève règle les aiguilles sur 7 h 30 min.
Les autres règlent leurs cadrans sur 7 h 15 min. Ils répondent à la question du problème.
▪ La correction s'effectue sur l'horloge du tableau. La durée de l'attente se concrétise sur le cadran en comptant les minutes de 5 en 5, en visualisant géométriquement le quart d'heure (quart de disque) ou sur la droite comme ci-dessous.

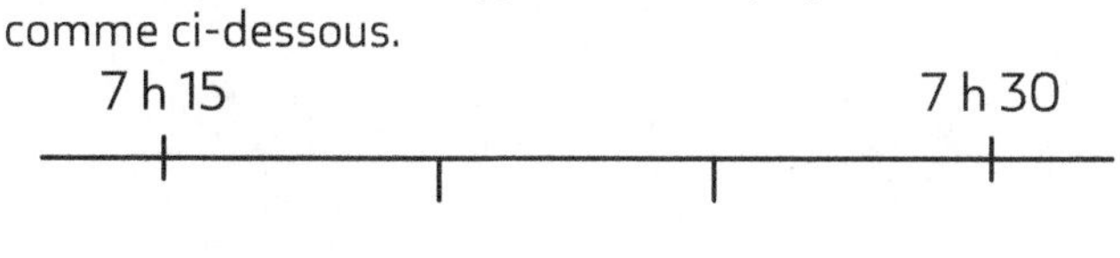

Karim doit attendre 15 min.

Activité 2 : Exercice 1 du fichier

▪ Les élèves lisent l'énoncé. Ils comprennent que l'illustration fait partie de l'énoncé. C'est elle qui permet de répondre à la question « À quelle heure part le train ? » par une lecture directe : le train part à 10 h.
▪ Cocher ensuite la bonne réponse à la question sur l'estimation du temps qu'Inès doit attendre vérifie que les élèves maîtrisent la lecture de l'heure sur le cadran.
▪ La réponse à la question plus précise « Pendant combien de minutes doit-elle attendre ? » réclame la connaissance de la valeur des graduations du cadran. Demander aux élèves de justifier leur réponse. La plupart d'entre eux utiliseront le comptage de 5 en 5 avec l'aide de l'aiguille bleue des minutes. Leur montrer qu'en visualisant géométriquement le quart d'heure, on peut aller plus vite dans le comptage.
▪ La dernière question fait appel à la connaissance du nombre de jours contenus dans la semaine : une semaine dure 7 jours. Inès est partie le lundi 21 juillet, elle reviendra donc le lundi 28 juillet.

Activités individuelles de mathématisation

Exercices 2 et 3

2 À partir de la date du jour, il faut retrouver le nom et le quantième du jour de la semaine dernière. Quand on dit : « Il y a une semaine », il s'agit de la semaine écoulée avant celle de la date du jour.
Pour trouver la réponse, on peut :
– retrancher 7 au quantième du jour, le nom du jour étant toujours le même ;
– utiliser le calendrier de l'année pour repérer la date du jour et reculer de 7 jours.
Ce recours au calendrier permet une correction indiscutable.

3 Saïd a joué 1 h 15 min.
Pour calculer la durée d'utilisation de la tablette, les élèves, s'appuyant sur l'équivalence 1 h = 60 min, peuvent utiliser le calcul : il faut 15 min pour arriver à 18 h et encore 1 h pour arriver à 19 h. L'aide d'un schéma linéaire soutient ce calcul. Il est utilisé pour la correction.

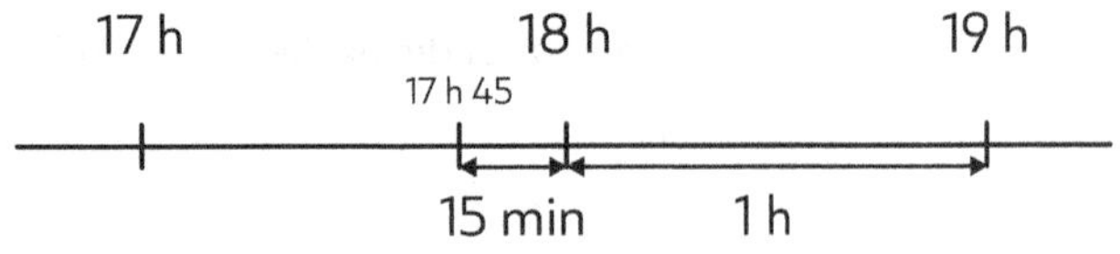

Les élèves peuvent aussi utiliser le cadran de l'horloge pour repérer 17 h 45 min et visualiser les 15 min qu'il faut pour atteindre 18 h puis l'heure supplémentaire pour atteindre 19 h.

Séance 2

Évaluation formative

Exercices 4 et 5

4 Il faut trouver l'instant après avoir ajouté une durée.
Soixante minutes après 9 h, il sera 10 h car 60 min = 1 h.
Une semaine après le 6 février, il sera le 13 février car 1 semaine = 7 jours.
Il est plus difficile de trouver quelle sera la date du jour 1 mois après le 6 février. On peut se contenter de la réponse : il sera le 6 mars.
Attirer l'attention des élèves sur la durée d'un mois qui peut être de 30 ou 31 jours avec un mois particulier celui de février qui comporte 28 jours ou 29 les années bissextiles. Nous prendrons 30 jours comme durée moyenne d'un mois.

5 Il faut trouver un instant après avoir retranché une durée.
Sonia est arrivée une demi-heure avant 9 h, c'est-à dire 30 min avant 9 h. Il faut que l'élève comprenne qu'il faut retrancher cette durée à 9 h. Son heure d'arrivée est donc 8 h 30 min.
Utiliser une véritable horloge (ou à défaut un cadran construit en carton) comme aide pour concrétiser la situation et le calcul.

Consolidation

Remédiation : Exercice 6

Cet exercice fait appel aux relations entre les unités de temps. 1 h = 60 min ; 1 jour = 24 h ; 1 semaine = 7 jours ; 1 mois = 30 ou 31 jours excepté pour le mois de février qui compte 28 ou 29 jours.
Durées rangées par ordre croissant : 1 min ; 1 heure ; 1 jour ; 1 semaine ; 1 mois.

Approfondissement : Exercice 7

Sofiane arrive 15 min en retard à son rendez-vous de 10 h 30 min.
Il faut que l'élève comprenne que Sofiane est arrivé 15 min après 10 h 30 min. Il faut donc ajouter ce retard de 15 min à 10 h 30 min.
Sofiane est arrivé à 10 h 45 min.
L'utilisation du cadran de l'horloge est une aide efficace pour la correction.

27 Multiplication et addition

Fichier p. 64

Programme	**Les nombres de 0 à 999.** L'addition, la soustraction et la multiplication à travers des situations problèmes.
Objectifs de l'apprentissage	Utiliser la distributivité de la multiplication par rapport à l'addition.
Remarques préalables	La cohabitation entre addition et multiplication fait intervenir la distributivité de la multiplication par rapport à l'addition. Cela permet de résoudre les problèmes à étapes de cette leçon de manière plus simple en n'effectuant qu'une seule multiplication alors que les élèves chercheront à les résoudre en utilisant deux multiplications associées à l'addition réitérée. **Difficultés de la leçon** - Admettre qu'il y a deux façons de résoudre ces problèmes. - Utiliser la multiplication au lieu de l'addition. **Aide** Utiliser les quadrillages (voir la Consolidation).

Calcul mental : Tables de multiplication

Séance 1 (sur ardoise)
Dire : « 7 × 6 » ; l'élève écrit 42.

Séance 2 (sur fichier)
→ *Dire : « 7 × 8 »; l'élève écrit 56.*
***Items :** « 7 × 8 » ; « 9 × 3 » ; « 8 × 4 » ; « 7 × 5 » ; « 6 × 8 ».*

Séance 1

Activités collectives de construction du concept

Activité 1

Organisation : Classe entière.

▪ Écrire l'énoncé suivant au tableau : Dans son chariot, Besma transporte 2 packs de 6 bouteilles de jus de citron et 3 packs de 6 bouteilles de jus d'orange. Combien de bouteilles transporte-t-elle ?
Les élèves le lisent puis le reformulent. S'assurer qu'il est compris.

▪ Poser les questions : « Que faut-il chercher ? » ; « La réponse nécessite-t-elle une seule opération ? Pourquoi ? »

▪ Le débat doit faire ressortir qu'il faut plusieurs calculs : celui pour connaître le nombre de bouteilles de jus de citron (2 × 6 = 12) et celui pour connaître le nombre de bouteilles de jus d'orange (3 × 6 = 18). On peut alors calculer le nombre total de bouteilles en additionnant les deux nombres (12 + 18 = 30).

▪ Les élèves résolvent individuellement le problème. Ils confrontent leurs démarches. La classe les valide ou non.

▪ Si elles sont toutes semblables, demander si une autre solution est possible. Si personne ne trouve cette autre solution, les solliciter en demandant : « Quel est le nombre total de packs ? », « Combien de bouteilles un pack contient-il ? » « Comment calculer le nombre total de bouteilles ? ». Les élèves recherchent individuellement la solution. La correction se fait avec la mise en commun des démarches. Besma transporte 5 packs (3 + 2) ; nombre de bouteilles transportées : 30 (5 × 6).
Ne pas rejeter les résolutions qui auraient utilisé les additions, faire remarquer que la multiplication remplace l'addition réitérée et que les mathématiciens recherchent souvent la solution la plus rapide et la moins fatigante !

Activité 2 : Exercice 1 du fichier

▪ Les élèves lisent l'énoncé. Demander de le reformuler afin de s'assurer qu'il est compris. Faire remarquer qu'on attend deux méthodes comme dans l'Activité 1.

▪ Poser les questions : « Que faut-il chercher ? » ; « La réponse nécessite-t-elle une seule opération ? Pourquoi ? »

▪ Le débat doit faire ressortir qu'il faut calculer plusieurs dépenses : celle de la semaine dernière puis celle de la semaine actuelle. On peut alors calculer la dépense totale en additionnant les deux dépenses.

▪ Les élèves complètent la première méthode :
Prix de 10 trajets : 10 × 8 Dh = 80 Dh.
Prix de 6 trajets : 6 × 8 Dh = 48 Dh.
Prix total : 80 Dh + 48 Dh = 128 Dh.

▪ Les élèves résolvent individuellement la deuxième méthode.
Il faut calculer le nombre de trajets :
10 trajets + 6 trajets = 16 trajets
puis calculer le prix total : 16 × 8 Dh = 128 Dh.

Activités individuelles de mathématisation

Exercice 2

L'élève a le choix de la méthode.

1re méthode :

Nombre d'œufs vendus le matin : 8 × 6 œufs = 48 œufs
Nombre d'œufs vendus le soir : 5 × 6 œufs = 30 œufs
Nombre d'œufs vendus en tout : 48 œufs + 30 œufs = 78 œufs

2e méthode :

Nombre de boîtes vendues : 8 boîtes + 5 boîtes = 13 boîtes
Nombre d'œufs vendus en tout : 13 × 6 œufs = 78 œufs

L'épicier a vendu 78 œufs.

Séance 2

Évaluation formative

Exercice 3

Il propose de résoudre un problème en utilisant la distributivité de la multiplication.
Le choix de la méthode est laissé à l'élève.

1re méthode :

Nombre de km parcourus lundi : 4 × 7 km = 28 km
Nombre de km parcourus mardi : 6 × 7 km = 42 km
Nombre de km parcourus en tout : 28 km + 42 km = 70 km

2e méthode :

Nombre de total de tours : 4 tours + 6 tours = 10 tours
Nombre de km parcourus en tout : 10 × 7 km = 70 km

Aïcha a parcouru 70 km.

Consolidation

Remédiation : Exercice 4

La représentation schématique proposée dans l'exercice est une aide concrète pour comprendre la distributivité de la multiplication par rapport à l'addition.

Approfondissement : Exercice 5

L'élève traite deux fois la distributivité sans l'aide concrète d'une représentation des quantités.
Il doit écrire :
$2 \times 3 + 4 \times 3 = 6 \times 3 = 18$ et $3 \times 5 + 5 \times 5 = 8 \times 5 = 40$.

28 Utiliser la monnaie

Fichier p. 65

Programme	**Mesures.** Les pièces de monnaie et les billets de banque.
Objectifs de l'apprentissage	Utiliser les pièces de monnaie et les billets dans des situations en relation avec la vie quotidienne.
Remarques préalables	Avec cette leçon les élèves vont d'abord apprendre à connaître la monnaie en dirhams et la notion de « valeur ». Ce travail s'appuie implicitement sur la décomposition additive des nombres : puisqu'il n'existe que les pièces d'un demi-dirham, de 1, de 2, de 5 et 10 dirhams. Ainsi, pour faire 8 Dh, il faut une pièce de 5 Dh, une pièce de 2 Dh et 1 pièce d'1 Dh ou bien encore 4 pièces de 2 Dh. Il n'existe que les billets de 20, 50, 100 et 200 dirhams. On peut avoir une valeur de 100 Dh avec un billet de 100 Dh ou avec deux billets de 50 Dh… Ils vont ensuite apprendre à utiliser et à rendre la monnaie dans des situations en relation avec la vie quotidienne. **Difficultés de la leçon** - Comprendre la notion de valeur : c'est le nombre écrit sur la monnaie qui fait la valeur d'une pièce ou d'un billet. Une pièce de 5 Dh a la même valeur que cinq pièces de 1 Dh. - Savoir composer un nombre ⩽ 10 en sommes de 1, 2, 5 Dh ; savoir décomposer un nombre de dizaines et calculer une somme de dizaines. - Comprendre pourquoi rendre la monnaie et savoir la rendre. **Aide** - Connaître les pièces et billets en vigueur. - Revoir les décompositions des nombres ⩽ 10 et les décompositions additives canoniques des nombres de deux et trois chiffres. - Apprendre à rendre la monnaie sur des petites sommes.

Calcul mental : Calculer la différence de nombres proches

Séance 1 (sur ardoise)
Écrire 25 – 23 ; l'élève écrit 2.

Séance 2 (sur fichier)
→ *Écrire 38 – 32 ; l'élève écrit 6.*
***Items :** 38 – 32 ; 29 – 25 ; 35 – 31 ; 46 – 42 ; 58 – 55.*

Séance 1

Activités collectives de construction du concept

Activité 1 : La monnaie

Organisation : Classe entière.
Matériel : Pièces et billets factices (voir matériel photocopiable, p. 82) ; ardoise.

- Présenter les pièces. Les faire décrire. Faire remarquer qu'il n'existe pas des pièces de 3, 4, 6, 7, 8, 9 dirhams. Écrire l'abréviation de dirham : Dh.
- Demander d'écrire sur l'ardoise les valeurs correspondantes à : (dessiner les pièces au tableau)

→ … Dh

→ … Dh

- Faire trouver 10 Dh avec des pièces différentes.

- Présenter les billets. Les faire décrire. Faire remarquer qu'il n'existe que les billets de 20, 50, 100 et 200 Dh.
- Demander d'écrire sur l'ardoise les valeurs correspondantes à : (dessiner les billets et les pièces au tableau)

… Dh

… Dh

- Faire 50 Dh avec des billets et des pièces.

Activité 2 : Faire l'appoint

Manipuler

- Un élève joue le rôle du « marchand », il expose sur une table face à la classe des objets, des dessins ou des photos d'objets avec leurs prix. Il faut acheter ces objets en payant « exactement » le prix indiqué. Exemples de prix : 9 Dh, 18 Dh, 80 Dh.
- Les élèves « clients » disposent de pièces et de billets factices.
- Un « client » choisit un des objets étiquetés. Il paie alors la somme correspondante avec la monnaie factice.

Débattre

- Demander s'il existe d'autres solutions. Les élèves viennent présenter leur solution au tableau. Celles-ci sont discutées.
- Montrer, en utilisant les propositions des élèves, qu'il existe plusieurs façons de payer un même objet.
- Le jeu continue avec d'autres objets.
- Si la classe manipule facilement la monnaie, imposer le nombre de pièces ou de billets nécessaires pour payer ou demander d'utiliser le moins de pièces et de billets possible.

Activité 3 : Rendre la monnaie

Poser le problème : Amir veut acheter des tongs qui coûtent 65 Dh.
Il dispose d'un billet de 100 Dh. Peut-il acheter les chaussures ?

Débattre

Des élèves peuvent penser qu'il ne peut pas acheter les chaussures car il n'a pas la somme qui correspond exactement au prix des chaussures. La discussion collective montrera que l'on peut acheter un objet si la somme dont on dispose est supérieure au prix de l'objet. Mais comme on a trop donné au marchand, celui-ci devra nous rendre le trop perçu, on aura ainsi payé le juste prix. Faire calculer la différence entre 65 et 100. Avec les pièces et les billets comme un vrai marchand : 65 aller à 70, c'est 5 ; 70 aller à 100, c'est 30 ; 65 aller à 100, c'est 5 + 30 = 35. Le marchand doit rendre : une pièce de 5 Dh et trois pièces de 10 Dh (ou un billet de 20 Dh et une pièce de 10 Dh).

Activité 4 : Exercices 1 et 2 du fichier

1 Cet exercice renvoie à l'Activité collective « Faire l'appoint ».
Pour payer le bracelet, Yasmina doit donner la somme exacte : 37 Dh.
La décomposition canonique de 37 est 30 + 7. Il n'existe pas de billet de 30 Dh, il n'existe pas de pièce de 7 Dh. Il faut donc entourer le billet de 20 Dh, une pièce de 10 Dh, une pièce de 5 Dh et une pièce de 2 Dh.

2 Cet exercice renvoie à l'Activité 3 « Rendre la monnaie ». Les chaussures valent 75 Dh, Hana donne 100 Dh, le marchand lui rend 25 Dh (75 + 25 = 100 ou 100 – 75 = 25).

Activités individuelles de mathématisation

Exercices 3 et 4

3 Il y a plusieurs façons de calculer la somme que possède Amir. La mise en commun montrera qu'Amir possède 50 Dh.

4 Savoir rendre la monnaie renvoie à l'Activité 3. Amal donne 200 Dh pour acheter une montre qui coûte 185 Dh. Pour calculer la différence entre 185 et 200, je fais comme le marchand : 185 aller à 190, c'est 5 ; 190 aller à 200, c'est 10 ; 185 aller à 200, c'est donc 15. J'entoure la pièce de 10 Dh et la pièce de 5 Dh. Je peux aussi calculer 200 – 185 = 15.

Séance 2

Évaluation formative

Exercice 5

Cet exercice vérifie si l'élève sait calculer une somme de dirhams. Rachida a donné 80 Dh (50 + 10 + 20 = 80) pour acheter 74 Dh de légumes. Elle a donné 6 Dh en trop : la différence entre 74 et 80. Le marchand lui rend une pièce de 5 Dh et une pièce de 1 Dh.

Consolidation

Remédiation : Exercice 6

Cet exercice revient sur la connaissance des décompositions des nombres < 10.
Il y a plusieurs solutions : entourer une pièce de 5 Dh et deux pièces de 2 Dh ou entourer une pièce de 5 Dh, une pièce de 2 Dh et deux pièces de 1 Dh.

Approfondissement : Exercice 7

Avec cet exercice, on calcule au-delà de 100. Pour avoir 170 Dh, il faut entourer le billet de 100 Dh, le billet de 50 Dh et deux pièces de 10 Dh.

29 Reconnaître et tracer un angle droit

Fichier p. 66

Programme	**Géométrie.** L'angle droit.
Objectifs de l'apprentissage	- Reconnaître l'angle droit. - Tracer un angle droit à l'aide d'instruments de géométrie adaptés.
Remarques préalables	Les élèves du CE1 n'ont aucune notion de ce qu'est un angle. Cette notion d'angle est introduite à partir de l'angle droit qui peut se visualiser sur un très grand nombre d'objets de la vie courante, de forme carrée ou rectangulaire : image, petite boîte, Lego, carnet, livre, etc. L'équerre constitue l'instrument de référence pour identifier ou tracer des angles droits. **Difficultés de la leçon** Le maniement d'une équerre est un exercice difficile pour les élèves du CE1. Une leçon ne suffit pas à cet apprentissage. Proposer aux élèves de nombreuses occasions d'utiliser cet outil de la géométrie. La compétence se construira progressivement en multipliant les occasions de tracer des angles droits dans des positions variées. **Aide** - Proposer aux élèves de nombreuses occasions d'utiliser cet outil de géométrie. - La compétence se construira progressivement en multipliant les occasions de tracer des angles droits dans des positions variées.

Calcul mental : Dictée de nombres

Séance 1 (sur ardoise)
Dire : « 567 » ; l'élève écrit 567.

Séance 2 (sur fichier)
➜ *Dire : « 680 » ; l'élève écrit 680.*
***Items :** « 680 » ; « 705 » ; « 840 » ; « 885 » ; « 946 ».*

Séance 1

Activités collectives de construction du concept

Organisation : Activité 1 : groupes de 4 élèves.
Activités 2 et 3 : groupe classe.
Matériel : Objets de la vie courante carrés ou rectangulaires pouvant servir de gabarit (images cartonnée, livre, Lego, petites boîtes, ardoise, feuilles cartonnées, carnets...) ; équerre ; une feuille de papier par élève ; fiche (cf. matériel photocopiable ci-après) sur laquelle figurent des angles A, B, C, D, E, F (3 sont des angles droits) ; des gommettes bleues (autant que d'élèves).

Activité 1 : Des coins qui se ressemblent

Manipuler

- Chaque groupe reçoit 4 objets différents rectangulaires ou carrés.
- Demander à chaque élève de tracer sur une feuille blanche le contour d'un coin de chaque objet en suivant deux côtés, de part et d'autre d'un coin.
- Demander à chaque groupe de comparer les tracés. Tous ces tracés se ressemblent.
- Demander de chercher avec les trois angles de l'équerre si l'un d'entre eux peut se superposer aux tracés.
- Préciser que chaque dessin de cette feuille s'appelle un « angle droit » et que l'équerre comporte un angle droit, le faire identifier explicitement.
- Faire coller une gommette bleue sur l'angle droit.

Symboliser

- Tracer un angle droit au tableau.
- Préciser que les deux traits sont les côtés de l'angle droit et que la partie pointue de cet angle est le sommet. Expliquer que lorsqu'on rencontre un angle droit, on le signale en y dessinant un petit symbole rouge. Dessiner ce symbole en rouge sur l'angle tracé au tableau.

Activité 2 : Reconnaître des angles droits

- Distribuer la photocopie du matériel photocopiable.
- Proposer d'utiliser une équerre pour reconnaître, parmi les 6 angles proposés, ceux qui sont des angles droits (A, B, F).
- Un élève montre sur les modèles tracés au tableau comment utiliser l'équerre pour identifier les angles droits.

Activité 3 : Tracer un angle droit avec contraintes

- Faire tracer un point sur une feuille de papier, puis une demi-droite à partir de ce point.
- Montrer au tableau comment placer l'équerre par rapport à un sommet et à un côté déjà tracés en l'ajustant progressivement (glissement le long du côté jusqu'au sommet ou rotation autour du sommet jusqu'au côté) et en insistant sur la position des doigts qui ne doivent pas être un obstacle au tracé du deuxième côté.
- Expliquer que la longueur des côtés à tracer n'a aucune importance.
- Faire tracer l'angle droit à partir de la figure précédente.

Activité 4 : Exercices 1 et 2 du fichier

1 Utiliser une équerre pour reconnaître, parmi les quatre angles proposés, ceux qui sont des angles droits : A ; C ; D. Observer comment l'élève manipule l'équerre et venir en aide à ceux qui ont des difficultés pour la placer convenablement : coïncidence d'un des deux côtés et du sommet de l'angle à vérifier avec un côté de l'angle droit de l'équerre et son sommet.

2 Il s'agit d'un réinvestissement de l'activité 3. Les segments supports de l'angle droit sont placés de telle manière qu'un seul tracé est possible.
Expliquer que l'angle de l'équerre avec la gommette bleue doit venir au contact du point bleu lui aussi.
Faire tracer le symbole rouge dans chacun des angles droits.

Activités individuelles de mathématisation

Exercice 3

En prolongement de l'identification d'un angle droit isolé, l'élève devra ici identifier la nature des angles d'un polygone.
Dans un premier temps, faire commenter la bulle de Mathix.
Demander combien d'angles doivent être vérifiés dans chaque figure.
Pour chaque figure, l'élève vérifie les quatre angles, puis les marque avec le symbole rouge et écrit sa réponse.
Rectangle : 4 ; losange : 0 ; carré : 4.

Séance 2

Évaluation formative

Exercices 4 et 5

4 Sans grande difficulté, on vérifie ici si l'élève utilise le bon angle de l'équerre pour identifier l'angle droit.

5 Tracer un angle droit.
L'élève doit savoir positionner correctement son équerre sur un côté imposé de l'angle, afin de le tracer à partir du sommet également imposé.

Consolidation

Remédiation : Exercice 6

Les élèves constatent que les côtés de l'angle droit suivent les lignes du quadrillage.

Approfondissement : Exercice 7

L'élève doit vérifier l'orthogonalité des angles d'un objet qui est susceptible de bouger. Le fichier devra être fermé pour effectuer cette vérification.
La couverture du fichier comporte évidemment 4 angles droits.

Reconnaître et tracer un angle droit

Matériel photocopiable

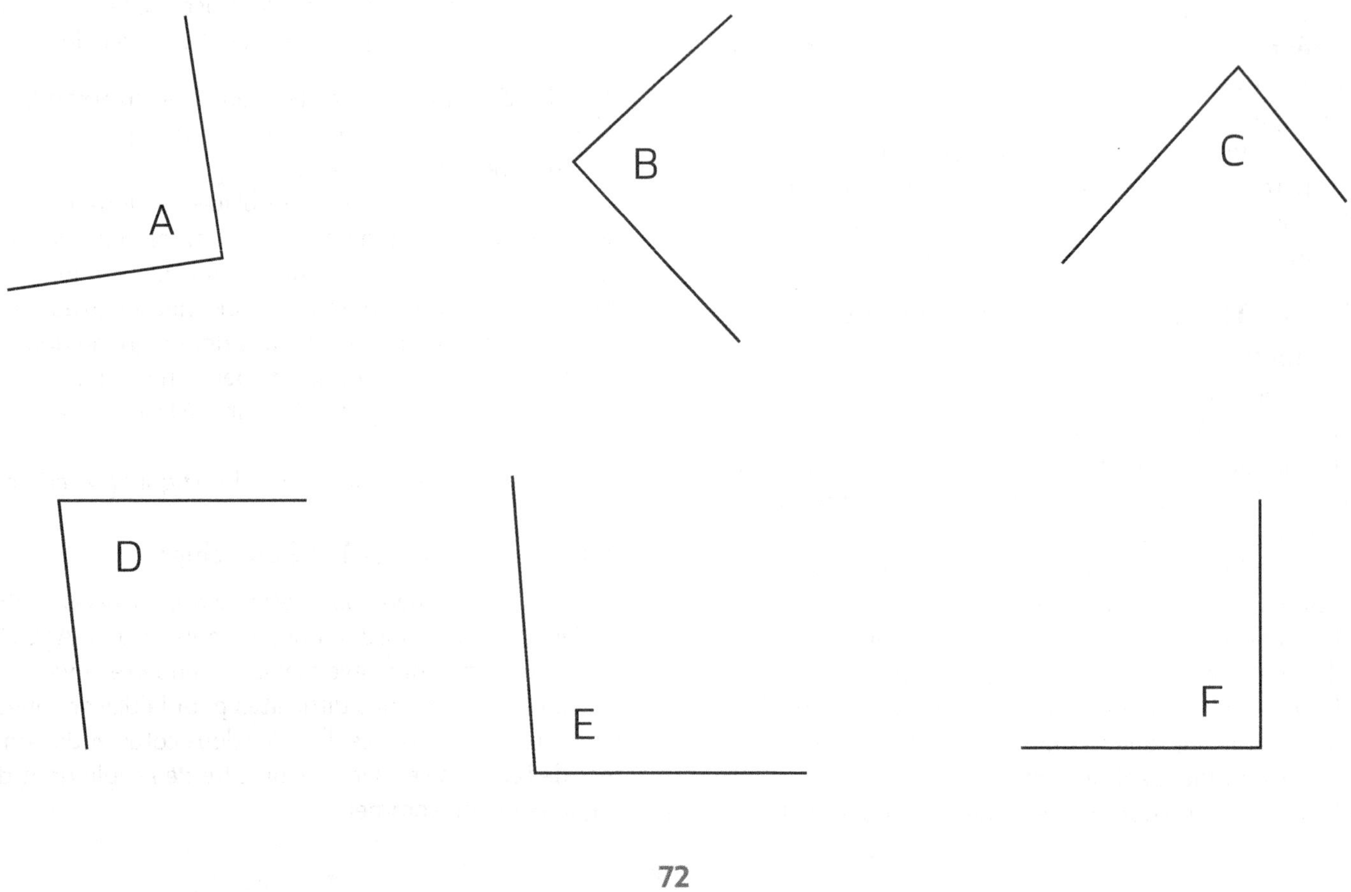

30 Lire et interpréter un tableau

Fichier p. 67

Programme	**Organisation et traitement de données.**
Objectifs de l'apprentissage	– Lire et interpréter les données contenues dans un tableau. – Résoudre des problèmes simples à l'aide de données extraites d'un tableau.
Remarques préalables	Avec cette leçon, les élèves découvrent que la présentation en tableau d'une information comportant deux paramètres en facilite l'exploitation. Il s'agit donc de faire « fonctionner » des tableaux et non de les construire ou de les concevoir. **Difficulté de la leçon** Comprendre le fonctionnement du tableau de données. **Aide** Vérifier que les enfants savent utiliser un tableau à double entrée. Revoir avec eux son fonctionnement.

Calcul mental : Compléments à la centaine supérieure

Séance 1 (sur ardoise)
Écrire au tableau : 282 + ... = 300 ; l'élève écrit le complément 18.

Séance 2 (sur fichier)
➜ *Écrire 397 + ... = 400 ; l'élève écrit 3.*
Items : *397 + ... = 400 ; 669 + ... = 700 ; 575 + ... = 600 ; 476 + ... = 500 ; 153 + ... = 200.*

Séance 1

Activités collectives de construction du concept

Activité 1 : Exercice 1 du fichier
Organisation : Classe entière.

- Demander aux élèves de lire silencieusement l'énoncé du problème ainsi que les informations contenues dans le tableau.
- S'assurer par un questionnement que les élèves se sont approprié la signification du tableau : « Qu'indiquent les cases bleues de la première ligne ? » ; « Qu'indique la première colonne bleue ? » ; « Que représente le nombre 16 ? le nombre 18 ? » ; etc.

La deuxième question « Quel est le nombre total d'élèves ? » va poser problème à certains enfants car il ne s'agit plus d'une lecture directe mais d'un calcul. Il faut les guider par un questionnement :
« Comment calculer le nombre total d'élèves de la classe ? Peut-on lire directement le résultat ou faut-il faire un calcul ? Lequel ? »

- Mettre en évidence qu'il faut additionner le nombre de garçons et le nombre de filles pour trouver le nombre total d'élèves.
- À l'issue d'un temps suffisant, organiser une mise en commun des propositions qui sont validées par la classe.

Activités individuelles de mathématisation

Exercice 2
Les élèves doivent trouver la distance parcourue par Moussa en relevant les longueurs des parcours effectués dans un tableau relativement complexe de données (données des heures de départ inutiles). Dans un premier temps, vérifier si la lecture du tableau est comprise par tous puis laisser les élèves calculer individuellement. Lors de la correction collective demander d'expliciter les démarches.
430 m + 350 m = 780 m. *Il a parcouru 780 m.*

Séance 2

Évaluation formative

Exercice 3
Les élèves résolvent le problème d'Aïcha. Aider à la compréhension du tableau. « Quelles sont les données que je vais utiliser, lesquelles ne vont pas m'aider ? ».
La première réponse est donnée par une lecture directe : 25 Dh.
La deuxième provient d'un calcul :
18 Dh + 15 Dh + 20 Dh = 53 Dh.

Consolidation

Remédiation : Exercice 4
Cet exercice est destiné à fixer chez les élèves le fonctionnement d'un tableau à double entrée. L'exemple montre que le nombre 20 correspond à deux entrées : « les filles » et « la 1re semaine ». Ce nombre 20 est donc le nombre de filles qui ont fréquenté le centre aéré la 1re semaine.

Approfondissement : Exercice 5
Pour trouver le nombre de garçons de la 2e semaine, il faut faire la soustraction 43 – 21 = 22. Cette question est difficile car les données sont à la fois dans l'énoncé (43) et dans le tableau (21).

31 Choisir l'opération

Fichier p. 68

Programme	**Les nombres de 0 à 999.** L'addition, la soustraction et la multiplication à travers des situations-problèmes.
Objectifs de l'apprentissage	Savoir choisir entre addition, soustraction et multiplication avec et sans retenue dans le domaine des nombres de 0 à 999.
Remarques préalables	À ce stade de l'année, les élèves ont découvert, étudié et utilisé trois opérations arithmétiques de base : addition, soustraction et multiplication. Mais cela ne veut pas dire qu'ils en maîtrisent désormais l'usage, et savent notamment quelle opération choisir en fonction de la situation. Basés sur des situations courantes, les problèmes proposés dans cette leçon obligent les élèves à mobiliser l'ensemble des connaissances acquises au cours de l'année. L'objectif principal sera donc de mettre en place une méthodologie permettant de déterminer le type de situation à laquelle on est confronté (additive, soustractive, multiplicative), de choisir l'opération adaptée, puis de modéliser le problème à l'aide d'une écriture mathématique. **Difficultés de la leçon** – Difficultés de lecture et d'interprétation des énoncés. – La taille des nombres exclut le dénombrement. – Distinguer les situations additives des situations soustractives. – Distinguer les situations multiplicatives et les résoudre avec ou sans l'addition réitérée. **Aide** – Expliquer le sens des mots de chaque énoncé. – Aide au raisonnement : représenter les situations par des dessins, des schémas. – Jouer les situations en utilisant des accessoires qui représentent les nombres (matériel de numération, feuilles de papier avec les nombres inscrits…).

Calcul mental : Comparaisons de nombres

Séance 1 (sur ardoise)
Écrire 185 et 213 ; l'élève écrit le plus grand : 213.

Séance 2 (sur fichier)
➜ *Écrire 250 et 205 ; l'élève écrit le plus grand : 250.*
***Items :** 250 et 205 ; 381 et 299 ; 554 et 612 ; 409 et 503 ; 987 et 898.*

Séance 1

Activités collectives de construction du concept

Activité 1 : Théâtraliser un problème

Organisation : Classe entière.
Matériel : Des sacs en papier et une collection d'objets qui représenteront les brioches, ardoises.

▪ Écrire le problème suivant : Une épicière vend des paquets de 12 brioches. Aujourd'hui, 7 clients lui ont acheté un paquet.
Elle veut savoir combien elle a vendu de brioches à la fin de la journée.

Manipuler
▪ Faire jouer la scène aux élèves : une épicière et 7 clients. Chaque client repart avec son sac de 12 brioches.
▪ Rassembler les 7 sacs sur une table, et faire remarquer qu'il serait trop long et source d'erreur de compter toutes les brioches une à une.
▪ Demander : « Quelle opération va-t-on choisir pour résoudre ce problème ? Écrivez sur votre ardoise "addition", "soustraction" ou "multiplication". »

Débattre, schématiser
▪ Interroger d'abord les élèves ayant répondu « soustraction ». Faire remarquer que comme on ne sait pas combien l'épicière avait de brioches au début de la journée, et combien il lui en reste à la fin, on ne peut pas répondre en utilisant cette opération.
▪ Les élèves qui proposent l'addition feront certainement référence à une addition réitérée.
Cette réponse doit être considérée comme exacte, à condition que les données du problème aient été correctement utilisées : la solution est 7 itérations de 12.
▪ La méthode experte utilise la multiplication pour résoudre ce problème.
Demander à un élève de venir au tableau pour proposer un schéma de la situation.
Privilégier la réponse suivante :

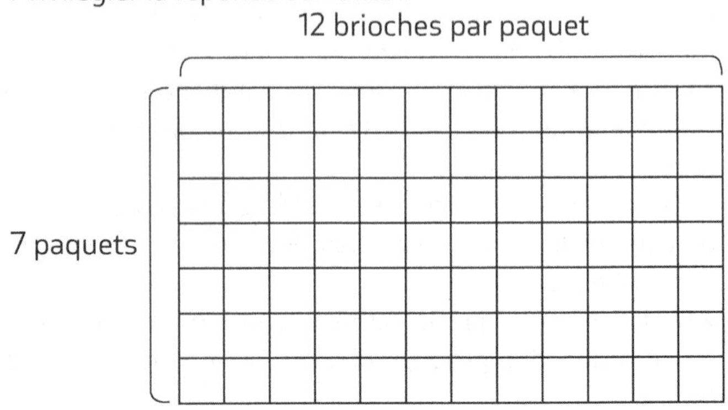

Symboliser

- Demander d'écrire sur l'ardoise l'opération correspondant à l'addition :
12 + 12 + 12 + 12 + 12 + 12 +12 ;
puis à la multiplication : 7 × 12.
- Après validation écrire les deux opérations au tableau et demander aux élèves d'effectuer les calculs.
- Conclure que les deux opérations amènent au même résultat, mais que la multiplication est la plus rapide.

Activité 2 : Exercice 1 du fichier

- Mener cette activité sur le modèle de la précédente. Il s'agit ici également d'une situation multiplicative.
- Insister sur le fait que l'addition réitérée peut être une solution de résolution, mais que dans ce cas celle qui est proposée sur le fichier est erronée.

L'obligation de poser l'opération sur un quadrillage Seyès permettra de vérifier si l'élève maîtrise la technique de la multiplication posée avec retenue, ainsi que la table de multiplication par 5.
5 × 25 Dh = 125 Dh
Yassine a dépensé 125 Dh.

Activités individuelles de mathématisation

Exercice 2

Ce problème est facile à imaginer et les élèves identifieront rapidement une situation additive. La proposition multiplicative sera écartée, mais l'erreur fréquente sera donc de choisir l'addition.
Or il s'agit d'une situation de recherche de la transformation, qui revient à calculer un complément dans une addition à trou :
98 + ... = 140
La résolution experte de ce type de problème est l'utilisation de la soustraction :
140 – 98 = 42
Le quadrillage permettra de vérifier si l'élève maîtrise la technique de la soustraction posée avec retenue.
Kenza a gagné 42 points à la 2e partie.

Séance 2

Évaluation formative

Exercice 3

La situation proposée ici est plus difficile à « jouer » mais facile à comprendre.
Il s'agit d'une simple situation additive avec recherche de l'état final.
La difficulté essentielle réside dans l'utilisation de grands nombres.
Le quadrillage Seyès permettra de vérifier également la maîtrise de la technique de l'addition posée avec retenue.
250 L + 560 L = 810 L
Le camion a collecté 810 litres de lait.

Consolidation

Remédiation : Exercice 4

On peut revenir au jeu et à la manipulation afin de faire prendre conscience aux élèves en difficulté que lorsqu'il est question dans un problème de « plusieurs fois la même chose », on utilise une addition réitérée ou une multiplication.
Les deux opérations permettent d'obtenir le bon résultat, mais la plus efficace reste souvent la multiplication.
Dans ce cas précis, étant donné les nombres choisis, un élève qui ne connaîtra pas les tables de multiplication sera plus performant en calculant l'addition réitérée.
En revanche, même s'il ne sait pas effectuer la multiplication, l'élève doit être capable de reconnaître une situation multiplicative et d'en écrire l'opération. De ce fait les deux étiquettes correctes doivent être coloriées :

30 + 30 + 30 + 30 | 4 × 30

Approfondissement : Exercice 5

Cet exercice pourra être utilisé comme réinvestissement du problème 2.
La situation est semblable (situation additive avec recherche de la transformation), mais la question posée (avec le terme « manque ») induit encore plus fortement l'utilisation d'une addition à trou.
Comme cette solution n'est pas proposée, l'élève doit savoir que pour résoudre une addition à trou, on effectue une soustraction.
32 + ... = 50 ➔ 50 – 32 = ...

32 Construire des figures géométriques

Fichier p. 69

Programme	**Géométrie.** Construction de figures géométriques : le carré, le rectangle et le disque.
Objectifs de l'apprentissage	Construire un carré, un rectangle et un disque à l'aide d'un gabarit.
Remarques préalables	▪ Dans cette leçon, les élèves prennent conscience que, pour tracer des carrés ou des rectangles, il faut d'abord connaître leurs propriétés. ▪ Pour tracer un carré ou un rectangle à l'aide d'un gabarit déchiré ne comportant qu'un seul côté « entier » pour le carré ou deux côtés consécutifs pour le rectangle, les élèves doivent faire subir des rotations et des déplacements à ces gabarits partiels afin de réutiliser les angles droits du gabarit et les longueurs des côtés. ▪ La précision des tracés ne pourra pas être excellente car un gabarit n'est pas un très bon outil de tracé, privilégier la pertinence des positions données au gabarit par les élèves. **Difficultés de la leçon** – Oser tourner le gabarit pour tracer les différents angles. – Connaître les propriétés des carrés et des rectangles. **Aide** – Manipuler les gabarits en petits groupes. – Faire des essais successifs.

Calcul mental : Additions de deux nombres de deux chiffres (somme des unités > 10)

Séance 1 (sur ardoise)
Dire : « 38 + 23 » ; l'élève écrit 61.

Séance 2 (sur fichier)
➜ *Dire : « 17 + 15 » ; l'élève écrit 32.*
***Items :** « 17 + 15 » ; « 28 + 13 » ; « 68 + 25 » ; « 77 + 13 » ; « 39 + 18. »*

Séance 1

Activités collectives de construction du concept

Activité 1 : Utiliser un gabarit circulaire

Organisation : Classe entière.
Matériel : Des gabarits circulaires : pièces de monnaie, ronds en bois, couvercles de bocaux.

▪ Demander aux élèves de rappeler les propriétés géométriques du disque.
▪ Distribuer des gabarits circulaires : pièces de monnaie, ronds en bois, couvercles de bocaux…
▪ Leur demander ensuite de construire un disque en utilisant ce matériel.
▪ Laisser les élèves manipuler, tracer et échanger leurs méthodes. Il ressort du débat que pour construire un disque avec ce gabarit, il faut suivre le contour circulaire du gabarit.
▪ Demander de colorier le disque.

Activité 2 : Tracer un carré avec un gabarit partiel de rectangle

Matériel : Par élève : un gabarit cartonné d'un rectangle déchiré ne laissant apparaître que deux angles droits (voir matériel photocopiable A ou B).

▪ Demander aux élèves de rappeler les propriétés géométriques du carré.
▪ Distribuer un gabarit cartonné d'un rectangle déchiré ne laissant apparaître que deux angles droits (voir matériel photocopiable A ou B).
▪ Questionner : *« Comment construire un carré en ne disposant que de ce gabarit ? »* Laisser les élèves manipuler, tracer et échanger leurs méthodes.
▪ Le gabarit joue ici un double rôle : le rôle de gabarit d'angle droit pour tracer des angles droits et le rôle d'une bande de papier pour reporter des longueurs. Les élèves obtiennent des carrés de tailles différentes : ceux qui ont utilisé le gabarit A ont un carré plus grand (le côté du gabarit étant plus grand).
▪ Un élève vient au tableau et utilise cette méthode pour construire un carré avec un grand gabarit similaire à celui que possèdent les élèves.
▪ Vérifier avec une bande papier que les côtés ont bien la même longueur et avec une équerre que les angles sont bien droits.

Activité 3 : Exercices 1 et 2 du fichier

Matériel : Gabarit A (voir matériel photocopiable).

1 Aidés du gabarit A, les élèves vont devoir construire un rectangle en faisant subir diverses rotations à leur gabarit.
La méthode est plus délicate car il faut choisir arbitrairement la longueur d'un côté du rectangle. Cette longueur peut être un des petits côtés déchirés du gabarit.
Ne pas oublier de vérifier et marquer les angles droits.

2 Exercice similaire à l'activité 1. Veiller au soin apporté au tracé.

Activités individuelles de mathématisation

Exercices 3 et 4

Matériel : Gabarit B (voir matériel photocopiable).

3 Distribuer le gabarit B.

Les élèves doivent construire un carré à l'aide du gabarit. La connaissance des propriétés du carré doit permettre aux élèves d'utiliser quatre fois le même côté du gabarit. Rappeler que le gabarit joue deux rôles : celui d'une équerre et celui d'une bande de papier qui permet de reporter des longueurs.

4 Laisser les élèves choisir un gabarit circulaire, permettre les échanges...
Travail similaire à l'exercice 2.

Séance 2

Évaluation formative

Exercices 5 et 6

Matériel : Gabarit C (voir matériel photocopiable).

5 Distribuer le gabarit C. Cet exercice vérifie si l'élève sait construire un rectangle avec un gabarit déchiré. Rappeler qu'il faut connaître les propriétés des figures (carré et rectangle) pour ne pas les confondre.

Les rectangles proposés peuvent avoir des dimensions différentes car, comme dans l'exercice 3, les élèves doivent fixer leur deuxième dimension voire leurs deux dimensions s'ils n'utilisent pas celle du gabarit ! La mise en commun de toutes les réalisations permet d'insister sur les quatre angles droits du rectangle.

6 Exercice de perception visuelle. Les tracés précédents devraient permettre d'éviter la confusion entre un disque et un ovale ou un octogone.

Consolidation

Remédiation : Exercice 7

Cet exercice revient sur les propriétés du carré et du rectangle qu'il faut connaître pour les construire. Dans cette remédiation, le quadrillage du cahier est une aide précieuse.

Approfondissement : Exercice 8

Exercice pour discerner le disque du cercle. Rachid n'a pas raison car c'est un cercle qu'il a colorié en bleu ; le disque étant la surface intérieure du cercle.

Construire des figures géométriques

Matériel photocopiable

A

B

C

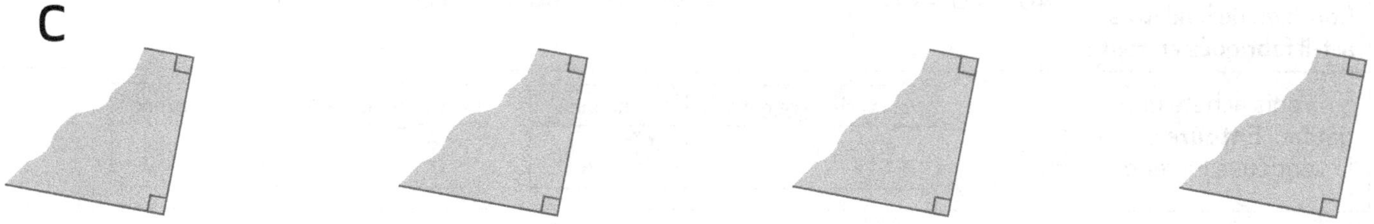

B6 Bilan de l'unité 6

Fichier pp. 70-71

Évaluation sommative

Énoncés	Réponses et commentaires
1 Ce tableau compte les enfants de la classe de Yanis qui sont partis en vacances en voiture ou en car.	Combien d'enfants sont partis à la mer en voiture ? **5** Combien d'enfants sont partis à la montagne ? 8 + 7 = **15** **Remédiation :** Revoir l'utilisation d'un tableau à double entrée.

	Montagne	Mer
Voiture	8	(5)
Car	7	3

↓ 8 + 7 = **15**

Énoncés	Réponses et commentaires
2 **Utilise** ton équerre pour trouver les angles droits. **Marque**-les avec le symbole rouge.	**Remédiation :** Travailler la manipulation de l'équerre dans de nombreuses situations variées.

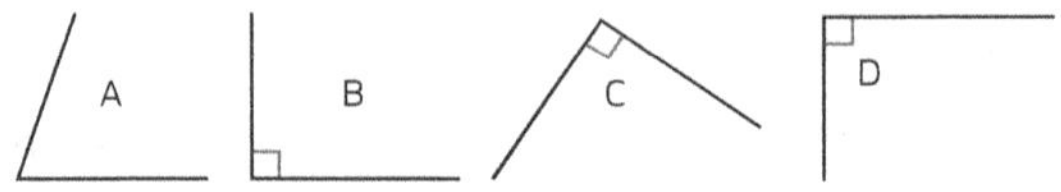

3 **Pose** et **effectue**.

	①	①	
	1	5	0
+		8	2
+	5	4	9
=	**7**	**8**	**1**

	6	₁2	₁7
−	+1	6+1	9
=	**5**	**5**	**8**

		5	2	
×		1	7	
	3	**6**	**4**	①
+	**5**	**2**	**0**	
=	**8**	**8**	**4**	

Remédiation : Revoir les techniques opératoires des opérations posées.

4 **Colorie** la bonne opération, **pose**-la et **effectue**-la.

La soustraction permet de résoudre ce problème : 253 − 172.
Aziza doit encore lire 81 pages.
Remédiation : Faire jouer la situation avec un livre dont le nombre de pages est inférieur (48 pages, elle en a lu 12).

	2	₁5	3
−	1+1	7	2
=		**8**	**1**

5 Aïcha achète une trottinette. **Entoure** ce que le marchand lui rend.

Aïcha achète cette trottinette.	Elle donne	**Entoure** ce que le vendeur lui rend.
 175 Dh	100 Dh, 100 Dh	50 Dh, (20 Dh, 5), 2, 10, 1

Remédiation : Jouer la situation.

Consolidation

1 **Marque** les angles droits avec le symbole rouge.

2 Un pâtissier a fabriqué des gâteaux. **Combien de gâteaux a-t-il fabriqués le matin ? Combien de baklawas a-t-il fabriqués en tout ?**

20 + 30 + 40 = **90** *Il a fabriqué* **90** *gâteaux le matin.*

40 + 40 = **80** *Il a fabriqué* **80** *baklawas en tout.*

3 Yanis achète un gâteau. **Entoure** ce que la vendeuse lui rend.

Yanis achète ce gâteau.	Il donne	**Entoure** ce que la vendeuse lui rend.
6 Dh 	5, 5	(2, 2), 1, 1

S2 Évaluation semestrielle (2)

Fichier pp. 72-73

Évaluation sommative

Énoncés	Réponses et commentaires
1 2 3 4 **Complète.**	9 × 2 = **18** 8 × 5 = **40** 7 × 10 = **70** 6 × 5 = **30** 8 × 3 = **24** 5 × 3 = **15** 5 × 4 = **20** 3 × 4 = **12** 4 × 6 = **24** 6 × 6 = **36** 5 × 7 = **35** 3 × 7 = **21** 2 × 8 = **16** 4 × 8 = **32** 5 × 9 = **45** 3 × 9 = **27** **Remédiation :** Pour les exercices 1 à 4, demander d'apprendre par cœur les tables de multiplication. Procéder à une vérification rapide journalière.
5 **Calcule.**	3 1 × 2 = **6 2** 2 6 × 3 2 : **5 2** (1) ; + **7 8 0** (1) ; = **8 3 2** **Remédiation :** Revoir la technique de la multiplication posée et expliquer le principe des retenues de la multiplication en revenant éventuellement sur sa justification.
6 **Pose** et **calcule.** 42 × 23	**4 2** × **2 3** : **1 2 6** ; + **8 4 0** ; = **9 6 6** **Remédiation :** Cette opération ne présente aucune retenue. Revoir la justification du décalage du second produit (42 × 20 = 840) et, selon le cas, les tables de multiplication.
7 Aya achète 5 pochettes de crayons et un cahier. **Combien dépense-t-elle ?**	5 × 19 Dh = **95 Dh** 95 Dh + 10 Dh = **105 Dh**  *Elle dépense* **105** *Dh.* **Remédiation :** Montrer que la réponse à ce problème nécessite deux calculs.
8 **Code** les cases que le robot traverse jusqu'à la douche.	(B ; 3) (C ; 3) **(C ; 2)** **(B ; 2)** **(A ; 2)** **(A ; 1)** **Remédiation :** Revoir le principe du repérage et du codage d'une case dans un tableau à double entrée.
9 **Colorie** chaque patron de la couleur de son solide.	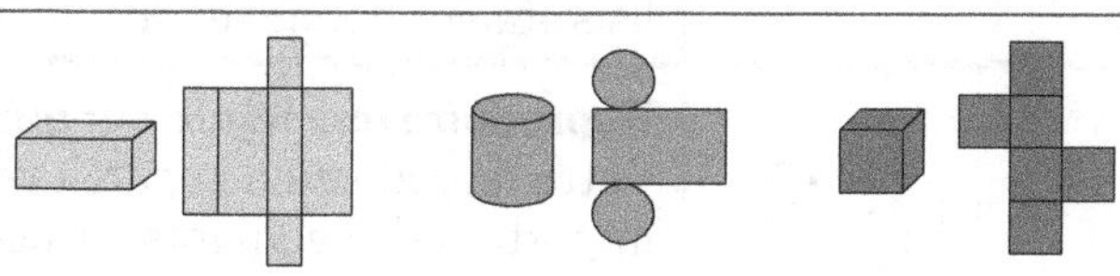 **Remédiation :** Reprendre la situation avec des solides réels et leurs patrons pour montrer comment le patron permet de recouvrir le solide.
10 **Utilise** les pointillés pour tracer : – un carré en vert, – un rectangle en bleu, – un triangle en violet, – une droite en orange.	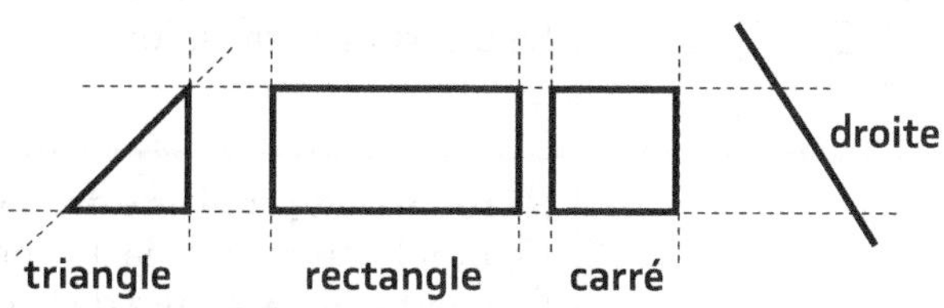 **Remédiation :** Décalquer ou découper des formes en carton superposables aux formes colorées et examiner leurs propriétés à l'aide des instruments de géométrie.
11 **Écris** l'heure du matin.	 **Remédiation :** Utiliser une horloge pédagogique pour s'exercer à lire l'heure.
12 **Entoure** l'argent nécessaire pour acheter ce bracelet.	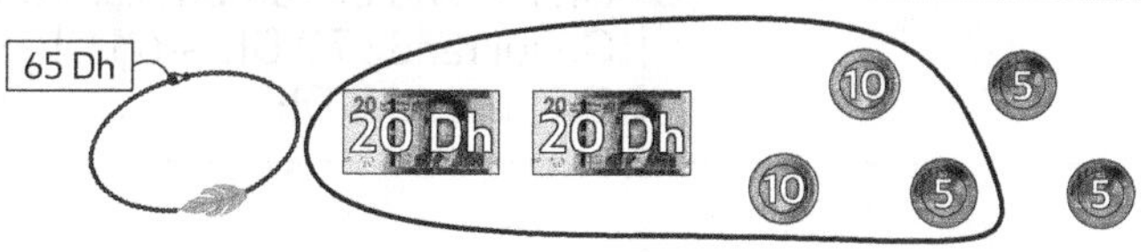 **Remédiation :** Utiliser de la monnaie factice pour manipuler des sommes d'argent.

T Traitement de fin d'année

Fichier pp. 74-75

1 Le berger a un troupeau. Il achète 15 moutons et 14 chèvres, son troupeau compte maintenant 84 animaux. **Combien d'animaux comptait son troupeau avant ses achats ?**

Résoudre une situation additive avec recherche de l'état initial.
Faire reformuler l'énoncé qui est difficile à comprendre.
Demander ce que l'on doit chercher.
Pour trouver le nombre d'animaux avant l'achat, il faut retirer de 84 les animaux achetés : 15 moutons et 14 chèvres. C'est donc un problème à 2 étapes.
Étape 1 : Calculer le nombre d'animaux achetés :
15 + 14 = 29
Étape 2 : Retirer ces animaux du troupeau :
84 – 29 = 55
Avant ses achats, son troupeau comptait 55 animaux.

---

2 Le pâtissier a préparé 18 gâteaux. Il les a vendus 24 Dh chacun. **Combien d'argent a-t-il gagné ?**

Résoudre une situation multiplicative.
Faire reformuler l'énoncé.
L'élève doit identifier une situation multiplicative.
Il faut poser et effectuer 18 × 24.
Il a gagné 432 Dh.

		1	8	
×		2	4	
		7	2	③
+	3	6	0	①
=	4	3	2	

---

3 Une sauterelle fait des bonds de 25 cm.
Combien de bonds doit-elle faire pour parcourir 1 m ?

Résoudre une situation de division.
L'énoncé est court et la résolution difficile.
C'est un problème à 2 étapes.
Étape 1 : Convertir 1 mètre en centimètres :
1 m = 100 cm.
Étape 2 : Chercher combien de fois il y a 25 cm dans 100 cm. Par tâtonnement, en passant par 50, on constate que 100 = 4 × 25.
Elle doit faire 4 bonds pour parcourir 1 m.

---

4 Mohamed regarde l'horloge.
Quelle heure est-il ?
Il attend Driss depuis 1 heure !
À quelle heure s'étaient-ils donné rendez-vous ?

Lire l'heure. Résoudre un problème sur les durées.
Ce problème comporte 2 questions.
- Lecture de l'heure : Il est 9 h 45.
- Utilisation d'une durée : Mohamed est là depuis 1 h.
Il est donc arrivé 1 h avant 9 h 45 soit à 8 h 45.
Ils s'étaient donné rendez-vous à 8 h 45.

---

5 **Reproduis** le dromadaire.

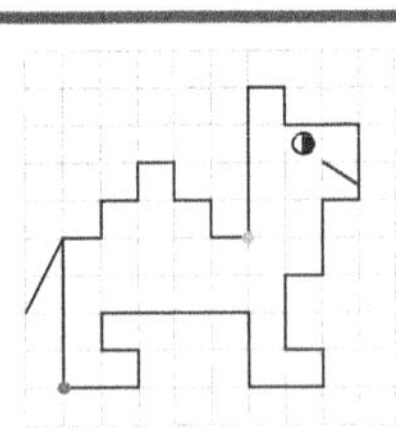

Reproduire une figure sur quadrillage.
Cette reproduction apparaît complexe vu le nombre important de segments à tracer. Utiliser les points de couleur : le point rouge pour le départ du tracé, le point bleu sert de vérification.

---

6 Samira arrive à la gare.
Quelle heure est-il ?
À quelle heure part le prochain train ?
Son trajet coûte 65 Dh.
Elle paie avec un billet de 50 Dh et un billet de 20 Dh.
Lui rend-on de l'argent ? Combien ?

Résoudre un problème de la vie courante.
Ce problème est en réalité composé de 2 problèmes : l'un porte sur la lecture de l'heure et d'un tableau, l'autre sur la monnaie.
Il est 9 h 15. Le tableau indique que le prochain train part à 9 h 30 et arrivera à 11 h.
Elle donne 50 Dh + 20 Dh = 70 Dh.
On lui rend de l'argent car 70 Dh > 65 Dh.
On lui rend : 70 Dh – 65 Dh = 5 Dh.
On lui rend 5 Dh.

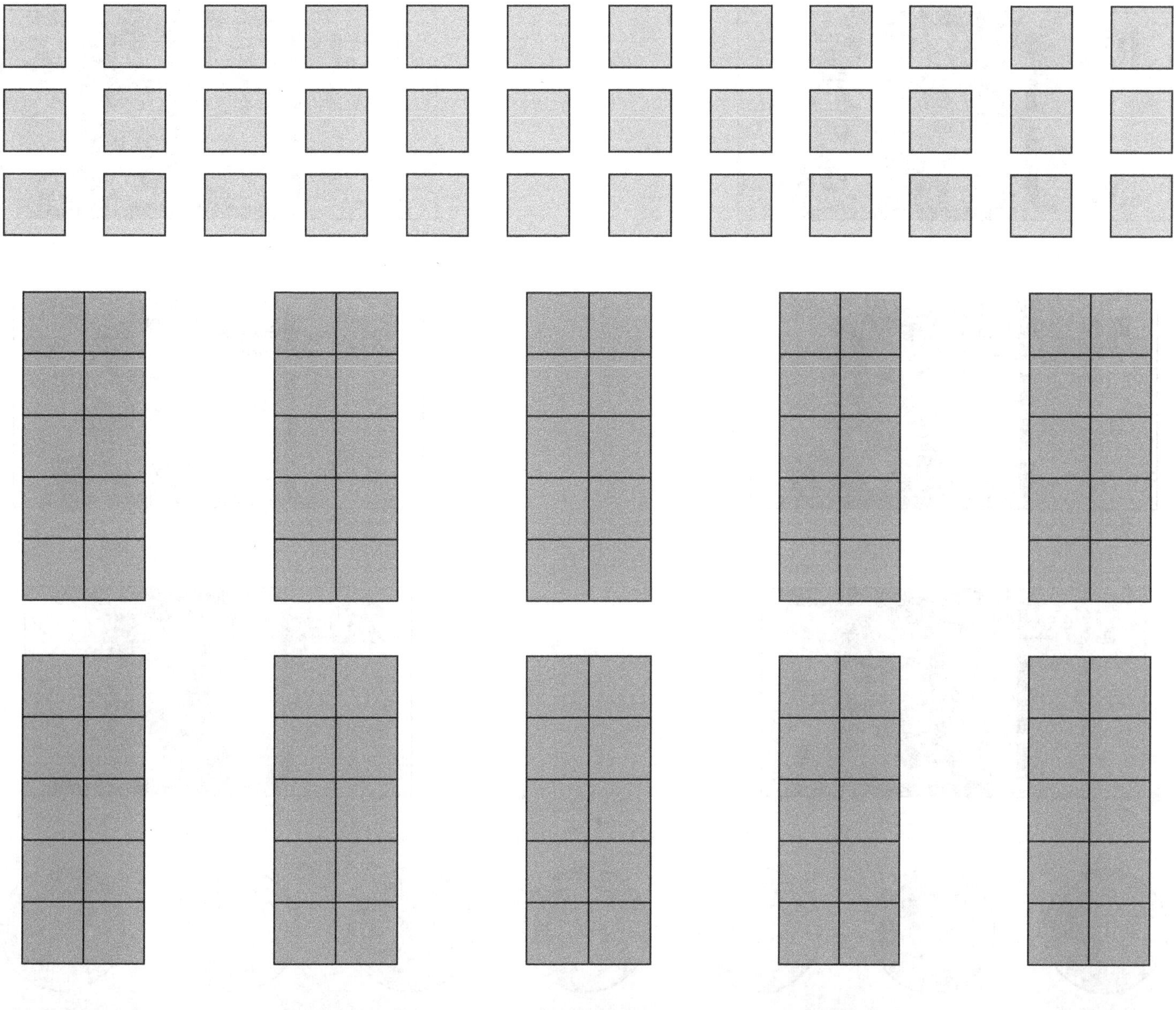

100
بنك المغرب
مائة درهم
100

100
بنك المغرب
مائة درهم
100

50
بنك المغرب
خمسون درهما
50

50
بنك المغرب
خمسون درهما
50

20
بنك المغرب
عشرون درهما
20

20
بنك المغرب
عشرون درهما
20
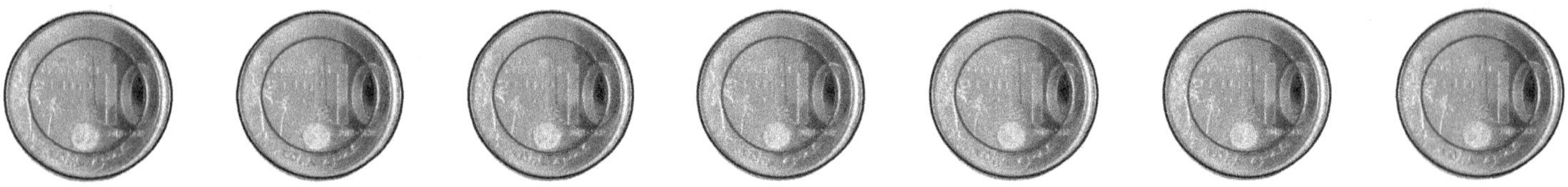
10

2

Imprimé en France par Dupli-Print à Domont (95)
Dépôt légal : Juillet 2020 - Collection n° 85 - Édition n° 01
N° d'impression : 2020064802
34/3453/6